U0504072

集人文社科之思 刊专业学术之声

集 刊 名：会计论坛

主办单位：中南财经政法大学会计研究所

本辑责任编辑：李燕媛

ACCOUNTING FORUM Vol.20, No.1, 2021

编　　辑　《会计论坛》编辑部

电　　话　（027）88386078

传　　真　（027）88386515

电子邮箱　kjltzuel@foxmail.com

通讯地址　中国·武汉市·东湖高新技术开发区南湖大道 182 号

　　　　　中南财经政法大学会计学院文泉楼南 607 室

邮政编码　430073

第20卷，第1辑，2021年

集刊序列号：PIJ-2019-411

中国集刊网：www.jikan.com.cn

集刊投约稿平台：www.iedol.cn

中国社会科学引文索引（CSSCI）来源集刊

中国学术辑刊数据库（CNKI）入选辑刊

会计论坛

ACCOUNTING FORUM

第 20 卷　第 1 辑　2021 年　　／　　Vol.20, No.1, 2021　　／　　（总第 39 辑）

中南财经政法大学会计研究所　编

ACCOUNTING INSTITUTE
ZHONGNAN UNIVERSITY OF ECONOMICS AND LAW

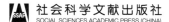

社会科学文献出版社
SOCIAL SCIENCES ACADEMIC PRESS (CHINA)

第 20 卷，第 1 辑，2021 年

Vol. 20 , No. 1 , 2021

会 计 论 坛

Accounting Forum

目 录

第 20 卷，第 1 辑，2021 年
Vol. 20 , No. 1 2021

会 计 论 坛
Accounting Forum

CONTENTS

第 20 卷，第 1 辑，2021 年
Vol. 20, No. 1, 2021

会 计 论 坛

Accounting Forum

循证视角下的管理会计工具应用研究*

——以平衡计分卡为例

殷俊明　高稚窈　王　蓉　姜　乔

【摘　要】管理会计工具应用深受社会制度、市场环境和组织特征等因素影响，一种新型管理会计工具被企业引入、改进、应用和推广的机理如何？本文基于循证管理视角，构建管理会计工具应用的循证模型，并以平衡计分卡在我国应用和推广为例，分析其中的证据形成、证据评价、证据应用及相应的知识转化。一项管理会计工具从引入到改进、应用与传播，符合循证模型的四个阶段工具检索、生成证据、评价证据和应用证据。同时，伴随着证据的生成，管理会计知识经过组合化、个人内化、组织内化、组织间外化四个阶段，在各相关主体间传播、积累与转化。研究结论有助于理解管理会计工具选择与应用的决策过程，加强管理会计工具应用的有效性，为我国企业和第三方管理专家引进和应用新型管理会计工具提供一定的经验借鉴和行为指导。

【关键词】管理会计工具应用；循证管理；知识转化；平衡计分卡

收稿日期：2020 - 11 - 08

基金项目：国家社会科学基金项目（21BGL008）；江苏省"333 工程"项目（BRA2019271）；江苏省青蓝工程优秀团队、高校优势学科建设工程、研究生科研及实践创新计划项目（KYCX19_ 1543）

作者简介：殷俊明，男，南京审计大学会计学院教授；高稚窈，女，南京审计大学硕士研究生；王蓉（通讯作者），女，南京审计大学讲师，wangrong@ nau. edu. cn；姜乔，男，南京审计大学硕士研究生。

* 作者感谢匿名评审专家对本文的宝贵意见，但文责自负。

一、引言

在经济新常态①背景下，科技发展与商业模式变革深刻影响并改变了企业的价值创造方式，立足于服务企业内部管理、实现价值创造与增值的管理会计面临挑战和创新（冯巧根，2018），因此引进新型管理会计工具与改进现有管理会计方法成为企业增强竞争力的重要选择。管理会计方法的变革是一个渐进化过程（冯巧根，2017），包括引进新方法和拓展现有方法两种形式（Tarek，2008）。自改革开放以来，我国管理会计在理论研究、人才培养和实务应用方面呈现一种"西学东渐"的路径与范式，引进、学习与吸收是国内企业应用管理会计工具的常见方式。但是，管理会计工具的应用与推广并非简单的拿来主义：一方面，中外市场环境、文化制度的差异，使得国外企业的应用证据和案例不能简单作为国内企业决策的直接依据；另一方面，国内企业的个性特质和差异也导致管理会计工具很难在所有企业皆以相同模式应用。现有研究大多阐述管理会计工具应用的理论意义、主要方法和影响因素等，鲜有研究针对工具本身的应用过程、效果证据与普及依据，实践管理者则习惯于依赖直觉、模仿或根据领导个人经验、管理偏好进行决策，而不太重视对背后科学逻辑证据的深究和利用。选用何种管理会计工具，如何应用，是管理层一项重大的决策行为，同时也是一个复杂的系统学习过程，管理会计工具的应用效果与管理者行为动机、知识转化程度以及制度执行密切相关（王斌、任晨煜和卢闯等，2020）。财政部自 2014 年以来陆续发布《管理会计基本指引》、各项具体应用指引以及应用案例集（库），形成了管理会计指引体系，极大地推动了管理会计工具在企事业单位的应用。尽管应用案例为企业应用各项管理会计工具提供了借鉴，但是尚缺乏各项管理会计工具应用的系统化证据。不仅各项工具在不同企业的应用效果存在差异，而且项目实施的成本与收益也不尽相同，部分企业应用效果差强人意。因此，如何为企业采纳管理会计工具决策提供经验借鉴和证据支持，成为管理会计理论研究与实务应用必须直面的问题。

循证研究作为理论成果应用于实践的中介，是社会科学研究的一种新的范式。"循证"（Evidence-based）理念最早应用于循证医学，之后扩展到教育学、经济学和管理学等领域（李幼平、李静和孙鑫，2016）。循证管理是一种将管理决策与管理活动融合科学证据的决策范式（Pfeffer and Sutton，2006；Rousseau，2006），强调基于可获得的最佳证据进行管理决策，将理论研究融入指导实践（吴建南、马良和郑永和，2012），

---

① 经过近 40 年的改革发展，中国经济的速度快、高投入、粗放型的增长模式逐渐转为中高速、质量效益型、集约型的新发展模式，这种区别于以前的发展模式称为新常态（习近平，2014）。宏观经济新常态对微观企业的经营发展提出了更精细化的管理要求，进而引致对管理会计工具的需求。

关注决策的证据与提升管理效率。由此，本文基于循证管理视角，将企业管理会计工具的应用案例视作可循的证据，以经由实践检验的有效证据作为管理会计工具选择的决策依据，演绎嵌入实践的管理会计工具的提炼、升华、普及和推广过程，寻找影响管理会计工具应用的循证路径，评价分析管理会计工具应用。一方面，为我国管理会计理论研究提供新思路，丰富管理会计理论体系；另一方面，为企业选择和应用管理会计工具提供决策证据，为管理会计实务应用提供实践范式。

二、文献回顾

管理会计通过为管理者提供对决策有用的信息，致力于战略实现和组织价值创造。管理会计将业务信息与价值信息融为一体（诸波和李余，2017；王斌，2018），借助相应的工具方法，聚焦组织业务经营和管理活动，通过数据挖掘和综合分析，帮助管理者进行战略规划、经营决策、管理控制以及绩效评价，提升决策质量，提升组织创造价值的能力和效率（王斌和顾惠忠，2014；冯巧根，2018）。因此，管理会计工具是管理会计的重要内容，是管理会计理论研究、实务应用与知识传授的核心（王斌，2020），也构成了管理会计规范体系的主要内容。财政部发布的 34 项应用指引均与管理会计工具有关，并将其分为战略管理、绩效管理、成本管理、预算管理、营运管理、风险管理和投融资管理等领域。

各类管理会计工具应用程度、影响因素与效果的研究。各种管理会计工具与方法均有其特定的应用情景，并受到组织结构、企业文化与人员素质的影响，从而形成不同的应用效果（殷俊明、何伟霞和王军，2017；冯巧根，2018）。南京大学会计系课题组在 2001 年对中国企业采用的成本管理方法、成本性态划分、责任单位与考评、预算管理等工具进行了调查，分析了当时我国企业采用这些管理会计工具的情况、影响因素和应用效果。王平心、韩新民和靳庆鲁（1999）以及王平心、汪方军和杨敏（2000）对作业成本法，潘飞、沈红波和郭浩环（2006）对作业成本法与经济增加值，于增彪、闫凤翔和刘桂英等（2004）对预算管理，刘俊勇、孟焰和卢闯（2011），刘俊勇、安娜和韩斌斌（2019），于增彪和张黎群（2010），胡玉明（2004），胡玉明、叶志峰和范海峰（2008）对平衡计分卡，汤谷良、王斌和杜菲等（2009）对集团管理控制等管理会计工具的使用方法、影响因素与适用范围进行了研究与探讨。殷俊明、杨政和雷丁华（2014）研究了供应链成本管理的四种方法（工具），并采用量表分析法，开发了供应链成本管理工具的量表。

管理会计工具的综合应用研究。王斌和顾惠忠（2014）分析认为，应该加强管理会计工具的整合，以提高使用效果。冯巧根（2020）将"十字型"决策法作为各类管理会计工具整合的分析工具，将各类管理会计工具的功能分为控制系统与信息支持系统两类。温素彬和焦然（2020）从三类利益相关者角度出发，采用问卷调研分析管理会计工具对营运资金管理效率的影响，发现管理会计工具的应用有利于提升营运资金的管理效率，多种工具的均衡应用有利于提高使用效果。殷俊明、邓倩和江丽君等（2020）提出了将财务预算、业务预算与碳预算相结合的三重预算工具整合方法，并给出了综合平衡机制。Abdel 和 Robert（2008）根据 IFAC（1998）关于管理会计发展阶段的论述，将管理会计工具的应用分为四个层次。姜洪涛和王满（2020）采用这种分类法，对管理会计工具应用的权变因素、整合机制与价值创造效应进行了研究。

管理会计理论知识与管理会计工具具体应用之间存在一定的距离。而作为工具理性载体的管理会计工具，在理论知识与应用之间起到中介与桥梁作用。在保持工具理性的前提下，工具的目标效应受到使用者、应用过程与应用环境的影响。管理会计工具作为经提炼归纳形成的适度标准化与规范化的方法，是一种显性知识与规则，便于在理论研究者与实务工作者、教师与学生、发起者与使用者之间传播；而管理会计工具应用则是目标导向明确的一种隐性场景，是管理者基于某一情景选择应用管理会计工具的知识转化过程和管理活动（王斌，2020）。显性的、通用的管理会计知识转化为情景化且有具体目标成效的管理会计工具应用，受到现实环境多种复杂因素的影响。Hopper 和 Major（2007）提出管理会计工具应用不仅受到组织经济、技术环境和高层管理者的推动力度影响，而且受到社会和文化制度影响；管理会计方法本身的精简、科学，以及与企业文化和国家战略的匹配，均有助于提高员工对引进管理会计工具与制度的认知，缓解导入与变革阻力，从而提升管理会计工具应用的实施效果（戴璐和汤谷良，2014；汤谷良和戴天婧，2015；殷俊明、何伟霞和王军，2017）。管理会计工具应用是特定环境下规则和惯例双向互动的一种社会化和制度化的实践行为（Burns and Scapens，2000），各个行动者从不同阶段的转译和阐释中获得变革动力，基于制度正当性进行模仿同构或者策略选择，从而形成多主体、动态化的协同演化机制，增进了管理会计工具应用的广度和深度（苏郁锋、吴能全和周翔，2015；陈立敏、刘静雅和张世蕾，2016；殷俊明、何伟霞和王军，2017）。现有研究大多聚焦于管理会计工具应用案例以及管理会计方法改进等层面（汤谷良、王斌和杜菲等，2009；刘俊勇、孟焰和卢闯，2011；支晓强和戴璐，2012；池国华和邹威，2015）。

在实际应用过程中，管理会计工具的应用效果与管理层的期望往往存在一定的差距，构成工具应用的效应缺口。工具应用的效应缺口削弱了发动者的说服力、降低了参与者的支持程度，造成应用过程中的动力缺乏与方向迷茫等，使得伴随管理会计工具应用的管理会计变革难以推进。尤其是复杂、先进的管理会计知识，让组织成员接受的难度越大，它在实践中的应用程度和利用效率就越低（McLellan，2014；Tucker and Parker，2014）。现有研究忽视了工具应用背后的决策基础，缺乏工具有效应用的证据支持。证据是实现科学决策的信息基础与直接知识，证据的生成和应用是实现决策价值内涵的重要载体（Ouimet, Jette and Fonda, 2017）。由此，若能对管理会计工具应用的证据以及证据在工具应用各阶段的呈现形式和转化特征进行分析，并以证据的性质、数量和效度作为工具选择决策和组织变革决策的基础，则可以加深对管理会计工具应用过程的认知和理解，强化变革的组织动力。

三、管理会计工具应用的循证模型

循证管理的概念借鉴于循证医疗。循证最早源于医学实践，是医学科学、技术和实践相结合的产物。循证医学（Evidence-based Medicine）或者循证治疗（Evidence-based Treatment），是指将医生的专业决策建立在医学科学证据、临床专业知识以及患者条件之间的相互关联之上，其核心是医生利用科学证据支持某种治疗方法（工具）的有效性，从而构成诊断与治疗决策的基础。循证管理是指将各类组织问题的诊断与干预（改善）决策建立在各类管理方法（工具）实践证据的基础上。管理决策的关键是搜集、传递和解释准确信息，明确适应情景和范围（李宁，2017），从而实现最优决策（张力伟和李慧杰，2020）。通过搜集、分析和总结管理会计工具实践应用的科学证据，提炼管理会计工具应用的逻辑和特征，可以增强管理会计工具选择的科学性、适切性和有效性。由此，本部分借鉴循证管理的理论和方法，分析管理会计工具应用中证据生成、评价与应用的特征与内容，构建管理会计工具应用的循证模型，以期进一步理解管理会计工具应用的决策与实施过程。

（一）管理会计工具应用的循证模型

循证决策是以证据为中心展开的，证据生成过程与质量是循证决策质量的保障。实践证据搜集是循证管理的基础因素，也是管理层选择会计工具的前提。如图1所示，工具检索、生成证据、评价证据和应用证据是管理会计工具应用循证模型的四个连贯循证过程。

（1）工具检索。当经济环境受到外部冲击时，原有管理会计方法和模式面临困境，学术界和咨询中介的制度创业者最先感知到现有管理会计的不足，搜寻能解决企业管理问题的工具。一些学术专家和实务专家通过学术研究和召开研讨会等多种途径介绍和探讨管理会计工具的内容及应用知识，并联合政府发布各类规范指引，发表、评选管理会计工具应用案例，形成管理会计工具的供给方。企业管理层作为需求方通过产学合作、引进咨询中介或者参加学习培训等途径，获取管理会计工具的知识，并将之与企业的问题相对照，初步判断工具对解决组织问题的效果与引进工具的可行性。这一阶段会形成初步的工具知识和外围（比如国外企业和其他行业先进企业）应用的证据。

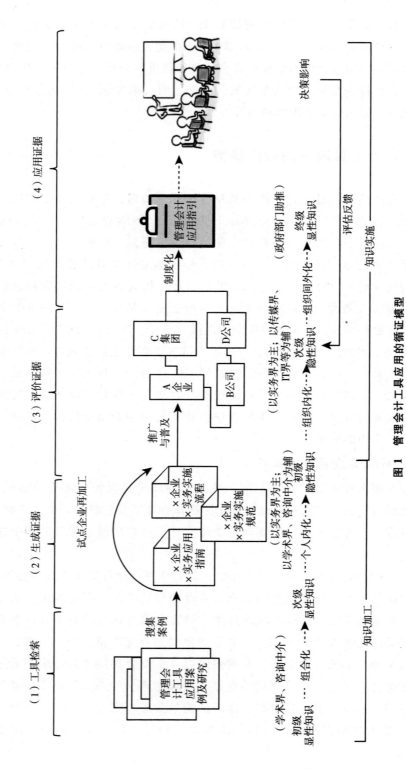

图 1　管理会计工具应用的循证模型

资料来源：根据李宁（2017），王学军、韦林和王子琦（2018）以及吴建南、马亮和郑永和（2012）整理。

（2）生成证据。随着试点企业采纳新型管理会计工具，学术界和咨询中介结合自身专业和经验，帮助企业设计和运用新型工具，引导企业变革原有管理会计规则和惯例，形成新的实施规范和应用指南。这一阶段形成比较完整的管理会计工具应用过程的外部证据，可用于相同行业或文化背景下的企业选用何种管理会计工具的决策过程。

（3）评价证据。基于试点企业应用新型管理会计工具的实践过程和成效，专家与学者发表相关研究成果、专业媒体报道应用案例、咨询中介开展咨询业务、IT 企业开发管理软件，直至相关书籍出版，获得认可的管理会计工具广泛在企业间传播和推广。在此过程中，新型管理会计工具开始与应用企业的其他运营管理系统融合，应用效果开始显现，员工和中层管理人员主动应用管理会计工具管理业务，有效提升了企业的决策和管理效率。这一阶段会进一步补充第二阶段的证据，并在评价外部证据的基础上，形成本企业应用的内部证据。

（4）应用证据。当一项新型管理会计工具被越来越多的行业接受时，影响范围和程度持续扩大和加深，继而应用它成为一种理所当然的事情。之后，经由政府部门助推，新型工具逐步获得合法性，即该管理会计工具应用从企业自发实施发展成为制度化的管理控制形式。政策执行者实时关注其贯彻和执行情况，及时发现问题和障碍，做到持续改进和完善实施方案。这一阶段将企业的实践形成规范化的外部证据并整理输出，成为该管理会计工具应用的案例库与证据库，供外部企业决策参考。

（二）管理会计工具应用循证模型的知识转化

知识转化是管理会计工具应用循证模型成功实施的关键因素。从引入管理会计工具，到应用推广管理会计工具的全过程都伴随着知识成果和知识实践的相互转化（王学军、韦林和王子琦，2018）。企业知识划分为以文字、图像、表格等为载体的直观的显性知识，和表现为灵感、经验、理念等较为隐晦的隐性知识两种形式。显性知识和隐性知识之间可以相互作用与转换，这个过程也是知识应用、传播、转化和创造的过程。对应于管理会计知识，文本化的规范、制度和方法属于显性知识，个人的学习感悟、管理经验，以及组织内不成文的管理规范、惯例和文化则属于隐性知识。如图1所示，嵌入管理会计工具应用循证模型的四个循证过程中知识转化分为知识加工和知识实施两个环节，管理会计知识经过组合化、个人内化、组织内化、组织间外化四个阶段，经历理论知识和组织行为两种表现形式，从组织外的显性知识内化为专业技术人员的个人隐性知识，转变为组织内的集体隐性知识，经过情景化、制度化与规范化，通过组织间的相互交流，形成经验证的组织间传播成本低的显性知识。在证据的搜集、形成、评价和应用过程中，知识得以在个人和组织间交流、转化与创造，促进了管理会计工具的应用和扩散。

1. 知识加工环节

（1）初级显性知识→（组合化）→次级显性知识。初级显性知识是知识转化的起点，也是管理会计工具应用的基础。某项管理会计工具大多在多家企业应用的基础上总结概括而成，经过学者与专家的提炼、整理构成管理会计知识体系，比如平衡计分卡（Balanced Scorecard，BSC）就是由哈佛大学卡普兰教授和实务咨询专家诺顿在案例研究的基础上提炼出来的工具。但这种工具首先在企业中的应用，则是由企业家创造出来的，我们可以称之为管理会计工具的制度创业者。制度创业者面对制度逻辑冲突，剖析现实矛盾和管理需求，创造出有利于实现企业目标的管理会计工具。这些工具的初步应用，就构成了管理会计工具的原始应用案例（这些应用者可能并没有意识到这些管理会计工具），此为初级显性知识。但是初级显性知识大多零散不成体系，搜集过程中亦会不断产生新的显性知识，知识冗余会阻碍后续知识转化（张鹏、李全喜和刘岩等，2017）。为此，实务专家、学者以及咨询中介会对知识进行分类解析，筛选整理出有用的理论和方法，作为次级显性知识的证据集合，实现知识的组合化。这一阶段为后续企业借鉴学习树立了实践标杆，促进了管理会计工具的应用扩散。

（2）次级显性知识→（个人内化）→初级隐性知识。试点企业引入管理会计工具，借助专家、学者和咨询中介等第三方的专业能力，将自身经验融入案例、文献等书面知识，经过与企业管理者先前的知识与管理经验相融合，作为初级隐性知识植入头脑，成为组织知识与文化的一部分，载体为掌握这种知识的财务专业人员。这一阶段不仅能拓展知识主体的创新思维，亦会促发企业持续生产更多有价值的隐性知识。初级隐性知识虽然改变了知识形态和组织形式，但仍处于试点企业或教学环境，尚未广泛应用于现实环境。

2. 知识实施环节

（1）初级隐性知识→（组织内化）→次级隐性知识。即管理会计知识由财务专业人员传授给企业内的其他专业人员和管理层，形成组织内化，得以在组织内传播和学习。对管理会计范式形成尤为重要的是要以更具普适性的标准来评判其核心价值和真正提倡的目标（史建梁和冯巧根，2019）。相关媒体和咨询中介向社会推广已试点成功的新型管理会计工具，结合专家、学者的专业建议以及 IT 公司的信息化手段，对不同领域应用管理会计工具进行差异分析，避免因专用性过强导致不同行业、不同企业应用出现偏差。随着管理会计工具广泛应用直至理所当然而获取认知合法性，管理会计知识的组织内化一方面升华隐性知识，另一方面借助 IT 界的信息技术细化隐性知识，知识载体也由最初的试点企业扩散至诸多企业，由此形成适用于各企业实际情景的管理会计工具。管理会计工具在组织中的情景化应用，形成相应的组织制度、流程与软件，使局限于财务专业人员个人能力的初级隐性知识得以内化为组织的自身制度，最终转化为能被真正理解、掌握的方法或诀窍，即组织内的次级隐性知识。

（2）次级隐性知识→（组织间外化）→终级显性知识。知识制度化、决策影响和评估反馈的环状模式是管理会计工具应用成功扩散的必要环节。当时机成熟时，权威型组织适时颁布管理会计工具政策和准则等书面文件，形成更为直观的终极显性知识。企业迫于外部制度环境压力，以及出于维持好管理层开明、管理先进形象的考虑，亦会非自愿应用政策化管理会计工具，由此完成管理会计知识的外在化，新型管理会计工具获得最终的规制合法性。对于政策制定者而言，企业管理者在管理会计工具应用中反馈相关问题与意见，也为政府改进和完善政策内容补充了新的证据和参考。

四、基于循证管理方法的平衡计分卡应用分析

平衡计分卡（BSC）作为强有力的战略管理工具和绩效管理体系，引发了国内研究热潮，已经被广泛应用于我国众多企业。通过考察 BSC 在我国的应用历程，基于循证管理方法重新审视和剖析 BSC，寻求和梳理 BSC 的证据演化规律和实施路径，为BSC 的应用和后续发展提供科学证据和有益思路。

（一）数据来源

以公开发表数据为主要来源，包括管理会计书籍以及当当网、京东网等书籍网站和中国知网等数据库，时间跨度（1993～2019 年）涵盖 BSC 在中国 20 多年的发展历程。以"平衡计分卡""均衡记分卡"等近义词为主题和关键词检索有关 BSC 知识信息、研究论文和新闻报道等，搜集结果如图 2 所示。可以发现，BSC 期刊论文和报纸报道数量在前期增长较快，达到顶峰后逐渐减少；博硕士论文数量呈稳步增长趋势；而图书数量则保持较为稳定态势。

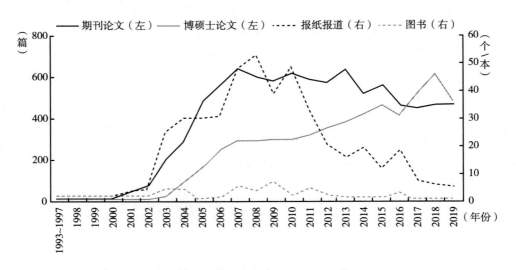

图 2　1993～2019 年以 BSC 为主题的文献数量

数据来源：中国期刊网期刊、博硕士论文、报纸数据库（1993～2019 年）以及京东网。

（二）BSC 的循证应用历程

我们以时间节点为序，以对推进 BSC 应用具有重要作用的关键事件为分析维度，梳理 BSC 的历史发展和实践应用。基于循证线索将 BSC 在我国的应用历程划分为四个阶段，并列举每一阶段的重要举措和关键事实（如表 1 所示），为后续循证 BSC 的证据演化和逻辑路径分析提供真实的实证数据。

表 1　我国 BSC 的循证应用历程

阶段	领域		关键事件
第一阶段 （1999～2001 年）	学术界		杨臻黛（1999）、顾文涛和何天煦（2000）、罗虎（2000）相继发表 BSC 相关论文
	咨询中介		2001 年，东大门管理咨询公司（同"上海博意门咨询公司"）引进 BSC
第二阶段 （2002～2003 年）	学术界	论文	发表的期刊论文数量增幅高达 200%，多为对 BSC 的思考以及关于它在我国企业管理中的应用
		书籍	《平衡计分卡中国战略实践》（毕意文和孙永玲著，2003 年）；《平衡计分卡实用指南》（胡玉明译，2003 年）；《平衡计分卡导向战略管理》（林俊杰著，2003 年）
	传媒界	报纸	2002 年，《金融时报》《中国信息报》《财经时报》等仅有 4 篇 BSC 相关报道；2003 年增至 25 篇
	实务界		中国移动（2002 年）、NEC（中国）有限公司（2002 年）、上海震旦（2003 年）、通用电气（中国）有限公司（2003 年）试行 BSC； 2002 年，亚新科北京油泵油嘴厂基于 BSC 核心理念和基本方法，设计并实施集成系统； 2003 年，华润集团微电子将 BSC 思想导入 6S 管理体系并将之相互结合
	IT 界		2003 年，华润集团聘请凯捷安永顾问公司和润联国际网络有限公司共同开发 6S 管理体系的 EIS 信息管理系统
	咨询中介		2003 年，凯捷安永顾问公司与华润集团合作开发 BSC
第三阶段前期 （2004～2005 年）	学术界	论文	2004～2005 年期刊论文数量分别为上一年的 1.56 倍、1.65 倍，涉及 BSC 在银行、制造、图书馆、餐饮、虚拟、纺织、通信、物流等行业以及领导干部考核中的应用；硕博士论文数量较大幅度增加
		书籍	《使平衡计分卡发挥效用》（裴正兵译，2004 年）；《平衡计分卡应用实务》（金燕、白皓和林锐标著，2004 年）；《平衡计分卡：化战略为行动》（刘俊勇译，2004 年）；《平衡计分卡是什么：一个管理工具的神话》（胡玉明著，2004 年）
	传媒界	报纸	《中国电力报》《中国审计报》《证券时报》《中国企业报》《21 世纪经济报道》等，BSC 报道数量为第一、第二阶段总数的 2 倍
	实务界		2003 年底，华润集团邀请刘俊勇教授改进 6S 管理体系；自 2004 年起，集团各部门经理学习运用 BSC 理论与方法，参照集团内外案例，结合自身工作实际，量身定制一套 BSC 管理流程； 2005 年，镇泰（中国）工业有限公司一次性采购 2000 册《平衡计分卡：化战略为行动》
	IT 界		2005 年，北京诺亚舟公司（"元年科技管理咨询公司"前身）开始开发 BSC 管理系统
	咨询中介		2004 年，上海博意门咨询公司加入华润集团微电子 BSC 项目

续表

阶段	领域		关键事件
第三阶段中后期 （2005~2013 年）	学术界	论坛	2005 年,北京诺亚舟公司管理人员与刘俊勇教授于中国人民大学召开 BSC 战略地图国际研讨会
		论文	每年期刊论文发表数量增幅在 −5%~10%,开始出现减少现象;硕博士论文数量增幅在 10%~20%,总体保持稳定增长;开始探讨 BSC 在我国应用的阻力和不足,论文总体形式仍以我国企业案例和研究综述为主;2012 年之后,BSC 相关研究开始从管理模式研究,细化到一系列软件、信息系统等衍生领域的研究
		书籍	《组织协同——运用平衡计分卡创造企业合力》(上海博意门咨询公司译,2006年);《战略中心型组织——平衡计分卡的制胜方略》(上海博意门咨询公司译,2008 年);《成功的平衡计分卡》(吴德胜译,2009 年);《平衡计分卡在医院管理中的应用》(姜合著作,2007 年);《平衡计分卡实战精要》(邓小芳译,2007 年);《平衡计分卡与流程管理》系列丛书(秦杨勇著,2007~2013 年)等近 25 本著作
		其他	2009 年,刘俊勇教授总结华润集团经验,将 BSC 课程改造成问题导向式行动学习法,以企业学员的实际情况和团队合作作为主要切入点开展内训教学
	传媒界	报纸	《中国财经报》《中国工业报》《中国工商时报》《中国电力报》《中国航空报》等,BSC 报道数量呈先增后减,于 2008 年达到 51 篇报道的最大值
	实务界		2005 年起,联想、平安保险、顺驰、春秋航空、万科、华润东莞水泥、宝钢等大型企业以及中国银行、招商银行、中国农业银行等陆续采用 BSC; 2006 年,中国电子工程设计院正式采用 BSC 对院属主营业务公司全面实施经营业绩考核; 2008 年,华润紫竹药业导入 BSC,引进国内知名企业成功实践 BSC 团队与本企业高层管理者组成学习团队,讨论研究本企业 BSC 具体方案;华润紫竹药业的 BSC 实施模式先后于 2013 年、2015 年、2017 年在北京吉野家、华润河北医药、河南省肿瘤医院相继取得成功; 2011 年,华润集团成立委员会专门针对 BSC 的运用进行实时调整; 2012 年初,山西北方风雷工业集团邀请陈远翃和于增彪教授,在深入访谈并收集大量数据后,根据公司具体情况制定 BSC 方案
	IT 界		2006 年,浪潮软件公司和广州品高软件开发公司相继推出预算管理系统
	咨询中介		2006 年起,上海博意门咨询公司担任华润集团长期咨询顾问
第四阶段 （2014 年至今）	学术界	论文	期刊论文年均发表数量较第三阶段下降 20%;硕博士论文数量每年增幅在 2% 和 10% 之间
		书籍	《新平衡计分卡:战略落地的密码》(闻毅著,2014 年);《平衡计分卡和作业成本法在高科技企业的应用》(苏自力著,2015 年);《"互联网＋"战略绩效管理》(秦杨勇著,2016 年);《平衡计分卡演进》(林清怡译,2016 年)
	传媒界		BSC 相关报道数量逐年减少,至 2019 全年仅 4 篇
	实务界		BSC 已经在银行、保险、建筑、航空、钢铁、高校、医院、政府机关单位等各行各业全面实施
	政府部门		财政部 2014 年发布《关于全面推进管理会计体系建设的指导意见》;2016 年发布《管理会计基本指引》;2017 年 9 月发布《管理会计应用指引第 603 号——平衡计分卡》

可以看出，第一阶段 BSC 受到关注得益于前沿学者和咨询中介的引入；第二阶段 BSC 研究逐渐增加，相关理论和实践不断丰富；第三阶段 BSC 理论和实践出现爆发式发展，研究领域进一步细分，标杆实施相继迭出，BSC 应用渐趋成熟；第四阶段随着 BSC 全面实施，作为管理会计工具属性的应用基本饱和，实践陷入瓶颈，相关研究亦逐渐减少。因此，分析 BSC 的证据演化和逻辑机理有助于为 BSC 提供"证据"，进一步推动管理会计工具落地应用。

（三）BSC 应用实践的证据演化和循证路径

循证 BSC 的研究本质是考察 BSC 历史发展和实践应用过程中的证据演化，以证据为核心展示 BSC 的应用逻辑和基本路径（如图 3 所示），从而为管理会计工具应用和选择提供有益的经验和借鉴。

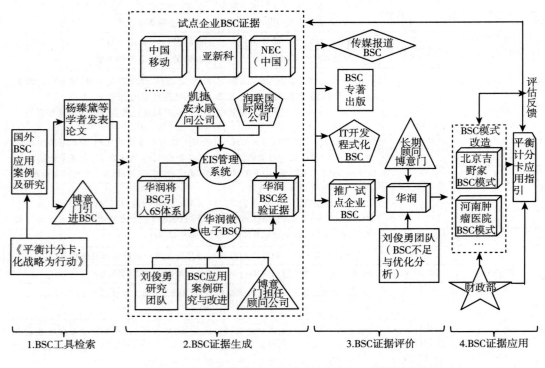

图 3　BSC 应用实践的证据演化和循证路径

资料来源：刘俊勇、安娜和韩斌斌（2019）；安娜、李鹤尊和刘俊勇（2020）。

1. BSC 工具检索

为解决公司战略方案执行问题，卡普兰和诺顿合作研究并于 1992 年在《哈佛商业评论》发表 BSC 首篇论文《平衡计分卡——驱动绩效指标》。BSC 因有助于企业将战略目标转化为可执行评价指标的巨大优势备受欧美企业推崇（刘俊勇、孟焰和卢闯，2011）。由统计可知，截至 1997 年，美国《财富》杂志公布的世界 500 强企业中有 60% 左右应用了 BSC 进行绩效管理。回顾国内情形，20 世纪 80 年代末我国企业的管理创新主要由计划和市场驱动，企业绩效评价仍然以财务业绩评价为主（胡玉明、叶志峰和范海峰，2008）。随着我国加入 WTO，国内外经济环境越发相似，国内落后的管理制度引发学者和专家担忧，BSC 开始进入研究视野。首先，作为制度创业者，杨臻黛（1999）、顾文涛和何天煦（2000）、罗虎（2000）纷纷翻译、介绍国外先进的 BSC 应用案例；其次，通过归类、排序、组合等方式对 BSC 知识进行有效整合和重构，生成具体情景下的 BSC 实施流程、制度以及核算方式等；最后，综合考虑政策制度、市场结构等现实环境，实务界从 2002 年开始引进 BSC，选择试点企业展开应用。

2. BSC 证据生成

胡玉明等翻译 BSC 相关的专著，管理咨询专家毕意文和孙永玲（2003）结合我国国情对 BSC 在中国的战略实施开展应用研究。中国移动、NEC（中国）有限公司、华润集团等试点企业，结合学术界已有研究成果与自身实际状况，借助上海博意门咨询公司等咨询中介的专业能力，基于我国企业情景（市场环境、信息化程度和管理水平等）对 BSC 理论知识进行提炼，形成适合企业特定情景的 BSC 模式并付诸实践。另外，国内专家学者亦纷纷尝试将 BSC 与我国企业文化相结合，推动 BSC 融合我国管理会计实践（殷俊明、王平心和吴清华，2005）。本土案例的成功开发和应用，直接提升了 BSC 工具属性的价值认同度、制度合法性与效率可信度。如 2002 年亚新科北京油泵油嘴厂基于 BSC 核心理念和基本方法设计集成系统，为于增彪等学者的后续研究提供了完整综合的 BSC 应用案例（于增彪和张黎群，2010）。但是，每项管理政策都有其特定的适用条件和时机，BSC 在某一行业（企业）的实施效果好并不必然保证在另一行业（企业）也成功应用。2007 年开始，BSC 研究重点从概念框架转变为应用实务和实施经验。试点企业借助学术界和咨询中介的专业素养和经验，综合考虑现实背景以及生产技术流程、组织结构等局部情景因素，对 BSC 实践证据进行深度提炼和整合，打造能够自如植入其他企业的 BSC 应用模式。以华润集团为例，华润集团通过与刘俊勇研究团队和上海博意门咨询公司合作，量身定制符合企业实际情景的 BSC 应用体系，以克服 BSC 应用过程中的水土不服问题；与凯捷安永顾问公司和润联国际网络有限公司合作开发 EIS 管理系统，实现集团管理电子化，进一步打造适合华润情景的 BSC 证据（安娜、李鹤尊和刘俊勇，2020）。这些试点企业的实践经验成功实现 BSC 知识转化，生成了可供业内其他企业借鉴、更具本土适用性的 BSC 证据。

3. BSC 证据评价

为使社会公众加深对 BSC 的理解和认可，社会各界对 BSC 应用的适用性和有效性进行了多方面的评价。其一，《21 世纪经济报道》《金融时报》等报刊和大众传媒正面评价和报道 BSC；其二，刘俊勇和胡玉明等学者出版 BSC 相关译著或专著；其三，IT 行业借助信息技术手段，程式化开发 BSC 应用流程；其四，报刊媒体和咨询中介通过社会关系和网络等渠道推广已在试点企业成功实践的 BSC，赢得实务界和其他利益相关者的认同。尤其 2004 年以后，BSC 与我国市场环境共生共长，有关 BSC 的讨论热度达到顶峰，无论是出版书籍、刊登报道，还是发表论文，数量和阅读量都达到高峰。对于华润集团而言，在 BSC 推广和扩散的过程中，基于相关证据，"因企制宜"改造旗下企业的 BSC 模式；北京吉野家、华润河北医药、河南省肿瘤医院的 BSC 实施相继取得成功（刘俊勇、安娜和韩斌斌，2019）。这种企业间的 BSC 探索、引用、借鉴和优化，使 BSC 在文化和认知框架内获得关键利益者的认可，继而得以在企业之间和不同行业之间应用和传播。高质量的 BSC 证据评价有助于引导组织做出最优选择，形成鲜明、科学的 BSC 循证路径。

4. BSC 证据应用

BSC 证据评价为经济决策和政策制定提供了推荐意见，《关于全面推进管理会计体系建设的指导意见》《管理会计基本指引》的颁布为企业提供了管理会计基本框架和政策保障，最终形成了面向企业和社会的 BSC 实践指南和具体指导方案。财政部 2017 年发布《管理会计应用指引第 603 号——平衡计分卡》后，BSC 成为制度化的管理会计工具，有关 BSC 研究的热度又有所回升。政府政策发布助推规范化的 BSC 应用证据积极融入企业决策实践，由此解决循证管理的一大难题。虽然目前我国 BSC 应用并未完全实现标准化、制度化，但越来越多的企业认同 BSC 作为一种创新管理会计工具的优越性，企业决策中应用、选择和借鉴 BSC 证据的范围和程度正持续扩大和提高（沙秀娟、王满和钟芳等，2017）。

综上，从 BSC 应用历程和证据演化可知，第一、第二阶段中 BSC 推广成效比较低。究其原因，一是我国企业尚未达到精细化管理程度；二是当时并未从根本上解决人的问题，观念行为不转变，再好的业务流程也无用武之地（胡玉明、叶志峰和范海峰，2008）。第三阶段中 BSC 在国内各行各业迅速推广，国内企业成功的实践案例成为可供彼此借鉴的"证据"。当下我国 BSC 应用处于第四阶段，尽管政府已经陆续出台有关政策规章，但 BSC 仍未做到完全本土化，究其原因：一方面，落地应用中仍需结合自身战略目标和制度结构，因地、因时、因企灵活改进，深度融合 BSC 和不同领域知识信息，有效整合和优化配置内外部资源，不断创新管理理念和应用模式，充分重视和突出循证管理在 BSC 应用实践中的新动能；另一方面，尚需精细梳理总结 BSC 应用的循证证据，重视捕捉和遵循规律，精准把握新态势和适用情景，优化管理会计工具应用，以可获得的最佳证据指导实践，帮助组织做出最优决策，由此提升组织的创造价值能力和效率。

五、结语

管理会计为组织决策提供理论支撑和方法指引,其决策和工具应用过程的证据,是组织下一阶段和其他组织进一步采用管理会计工具的决策基础,证据的信度与效度、在不同企业间的应用和传播,都会对管理会计工具的应用效果产生重要影响。本文基于循证管理视角,构建管理会计工具应用循证模型,以 BSC 作为具体研究对象,阐释管理会计工具应用的循证过程和知识转化,演绎 BSC 证据演化和逻辑路径,得出以下结论。(1)管理会计工具应用循证模型具体包括工具检索、生成证据、评价证据和应用证据四个过程,管理会计知识成果的成功转化直接影响工具的应用效果。(2)BSC 在国内推广从学术界与咨询中介的引入、试点企业的应用与示范、政府推广到走向市场并被广为接受,是一个理论与实务、政府与企业、供给与需求多重主体相互交流互动的过程。(3)BSC 从案例研究,依次转变为理论模式、实施理念、操作流程、管理信息系统,直至凝练出指导实践的应用指引,离不开 BSC 知识的成功转化和融合实践。因此,设计应用适合企业自身情景和特征的管理会计工具,不仅可以有效增强决策有效性和持续实现价值创造,而且能以实践成果反哺理论研究,高质量实践证据和知识转化可以促进管理会计学科高效发展。

参考文献

安娜,李鹤尊,刘俊勇. 2020. 战略规划、战略地图与管理控制系统实施——基于华润集团的案例研究. 南开管理评论,23(3):87 – 97.

奥尔韦等. 2004. 使平衡计分卡发挥效用. 裴正兵,译. 北京:中国人民大学出版社,6 – 9.

保罗·尼文. 2003. 平衡计分卡实用指南. 胡玉明,译. 北京:中国财政经济出版社,31 – 36.

保罗·尼文. 2016. 平衡计分卡演进. 林清怡,译. 北京:人民邮电出版社,15 – 23.

毕意文,孙永玲. 2003. 平衡计分卡中国战略实践. 北京:机械工业出版社,3 – 11.

陈立敏,刘静雅,张世蕾. 2016. 模仿同构对企业国际化 - 绩效关系的影响——基于制度理论正当性视角的实证研究. 中国工业经济,9:127 – 143.

陈远翔,于增彪,林文雄. 2015. XYZ 公司如何运用平衡计分卡. 中国总会计师,9:21 – 23.

池国华,邹威. 2015. 基于 EVA 的价值管理会计整合框架——一种系统性与针对性视角的探索. 会计研究,12:38 – 44.

戴璐,汤谷良. 2014. 国有商业银行在管理会计变革中的"西学东渐"与外资的知识传授. 会计研究,7:58 – 66.

冯巧根. 2017. 基于制度变迁的管理会计实务发展的战略. 珞珈管理评论,1:79 – 86.

冯巧根. 2018. 改革开放 40 年的中国管理会计——导入、变迁与发展. 会计研究，8：12 - 20.

冯巧根. 2020. 管理会计工具的创新"十字型"决策法的应用. 会计研究，3：110 - 127.

顾文涛，何天煊. 2000. 加强医疗机构管理的有力工具——平衡记分卡. 国外医学（医院管理分册），1：22 - 24.

胡玉明. 2004. 平衡计分卡是什么：一个管理工具的神话. 北京：中国财政经济出版社，1 - 8.

胡玉明，叶志峰，范海峰. 2008. 中国管理会计理论与实践：1978 年至 2008 年. 会计研究，9：3 - 9.

姜合作. 2007. 平衡计分卡在医院管理中的应用. 北京：军事医学科学出版社，9 - 14.

姜洪涛，王满. 2020. 管理会计工具应用层次：影响因素、整合机制与价值创造效应. 会计研究，9：134 - 148.

金燕，白皓，林锐标. 2004. 平衡计分卡应用实务. 深圳：海天出版社，3 - 13.

克里尔曼，马可贾尼. 2009. 成功的平衡计分卡. 吴德胜，译. 上海：格致出版社，10 - 19.

李宁. 2017. 管理者的直觉不可靠：循证管理的启示. 清华管理评论，10：36 - 41.

李幼平，李静，孙鑫. 2016. 循证医学在中国的起源与发展：献给中国循证医学 20 周年. 中国循证医学杂志，1：2 - 6.

林俊杰. 2003. 平衡计分卡导向战略管理. 北京：华夏出版社，2 - 11.

刘俊勇，安娜，韩斌斌. 2019. 公立医院平衡计分卡的构建——以河南省肿瘤医院为例. 会计之友，9：87 - 96.

刘俊勇，孟焰，卢闯. 2011. 平衡计分卡的有用性：一项实验研究. 会计研究，5：36 - 43 +95.

罗伯特·卡普兰，戴维·诺顿. 2004. 平衡计分卡：化战略为行动. 刘俊勇，译. 广州：广东经济出版社，3 - 10.

罗伯特·卡普兰，戴维·诺顿. 2006. 组织协同——运用平衡计分卡创造企业合力. 上海博意门咨询公司，译. 上海：商务印书馆，9 - 12.

罗伯特·卡普兰，戴维·诺顿. 2008. 战略中心型组织——平衡计分卡的制胜方略. 上海博意门咨询公司，译. 北京：中国人民大学出版社，17 - 22.

罗虎. 2000. 再造企业业绩评价体系. 企业改革与管理，10：11 - 13.

南京大学会计学系课题组. 2001a. 成本性态管理在中国企业的运用及思考. 会计研究，11：33 - 39.

南京大学会计学系课题组. 2001b. 中国企业成本管理方法及其效果的调查分析. 会计研究，7：46 - 55.

尼尔. 2007. 平衡计分卡实战精要. 邓小芳，译. 北京：机械工业出版社，1 - 10.

潘飞，沈红波，郭浩环. 2006. 作业成本法与经济增加值的整合系统——理论分析与案例研究. 财经论丛（浙江财经大学学报），3：67 - 73.

秦杨勇. 2008. 平衡计分卡与流程管理. 北京：中国经济出版社，6 - 11.

秦杨勇. 2016. "互联网 +"战略绩效管理. 北京：中国财富出版社，22 - 30.

沙秀娟，王满，钟芳，叶香君，王艺璇. 2017. 价值链视角下的管理会计工具重要性研究——基于中国企业的问卷调查与分析. 会计研究，4：66 - 72 +96.

史建梁，冯巧根. 2019. 管理会计的治理结构与范式构建. 会计之友，15：27 - 33.

苏郁锋，吴能全，周翔. 2015. 企业协同演化视角的组织场域制度化研究——以互联网金融为例. 南开管理评论，5：122 – 135.

苏自力. 2015. 平衡计分卡和作业成本法在高科技企业的应用. 成都：西南交通大学出版社，25 – 33.

汤谷良，戴天婧. 2015. 中央企业 EVA 评价制度实施效果的理论解释. 会计研究，9：35 – 43 + 96.

汤谷良，王斌，杜菲，付阳. 2009. 多元化企业集团管理控制体系的整合观——基于华润集团 6S 的案例分析. 会计研究，2：53 – 60 + 94.

王斌. 2018. 论业财融合. 财务研究，3：3 – 9.

王斌. 2020. 论管理会计知识与管理会计应用. 财会月刊，3：3 – 8.

王斌，顾惠忠. 2014. 内嵌于组织管理活动的管理会计：边界、信息特征及研究未来. 会计研究，1：13 – 20 + 94.

王斌，任晨煜，卢闯，焦焰. 2020. 论管理会计应用的制度属性. 会计研究，4：15 – 24.

王平心，韩新民，靳庆鲁. 1999. 作业成本计算、作业管理及其在我国应用的现实性. 会计研究，8：37 – 40.

王平心，汪方军，杨敏. 2000. 作业基础本量利模型研究. 当代经济科学，6：97 – 99.

王学军，韦林，王子琦. 2018. 作为信息的证据，抑或作为证据的信息？——循证视角下的政府绩效信息管理框架. 图书与情报，6：39 – 46.

温素彬，焦然. 2020. 管理会计工具应用对营运资金管理效率的影响研究——基于利益相关者视角的分析. 会计研究，9：149 – 162.

闻毅. 2014. 新平衡计分卡：战略落地的密码. 北京：中国经济出版社，14 – 19.

吴建南，马亮，郑永和. 2012. 基于循证设计的科学基金绩效国际评估研究. 科研管理，6：137 – 145.

习近平. 2014. 谋求持久发展 共筑亚太梦想——在亚太经合组织工商领导人峰会开幕式上的演讲. 人民日报，11 – 10（002）.

杨臻黛. 1999. 业绩衡量系统的一次革新——平衡记分卡. 外国经济与管理，9：7 – 11.

殷俊明，邓倩，江丽君，黄楠. 2020. 嵌入碳排放的三重预算模型研究. 会计研究，7：78 – 89.

殷俊明，何伟霞，王军. 2017. 基于行动者网络理论的管理会计变革研究. 财务研究，3：45 – 53.

殷俊明，王平心，吴清华. 2005. 平衡记分卡研究述评. 经济管理，2：44 – 49.

殷俊明，杨政，雷丁华. 2014. 供应链成本管理研究：量表开发与验证. 会计研究，3：56 – 63 + 96.

于增彪，闫凤翔，刘桂英，郭群英，刘满江. 2004. 预算管理与绩效核算集成系统设计——亚新科 BYC 公司案例研究（上）. 财务与会计，2：12 – 18 + 1.

于增彪，张黎群. 2010. 平衡计分卡：理念、要点与经验. 财务与会计（理财版），4：17 – 20.

张力伟，李慧杰. 2020. 循证方法的情报分析研究进展及其对有效风险沟通的借鉴. 情报杂志，5：39 – 44 + 96.

张鹏，李全喜，刘岩，张健. 2017. 基于 SECI 模型的供应链企业知识转化模型研究. 科技管理研究，2：147 – 150 + 214.

支晓强，戴璐. 2012. 组织间业绩评价的理论发展与平衡计分卡的改进——基于战略联盟的情景. 会计研究，4：79 – 86 + 95.

诸波，李余. 2017. 基于价值创造的企业管理会计应用体系构建与实施. 会计研究，6：11 – 16 + 96.

Abdel, K. M., & L. Robert. 2008. The impact of firm characteristics on management accounting practices:

A UK-based empirical analysis. *The British Accounting Review*, 40 (1): 2 - 27.

Burns, J., & R. W. Scapens. 2000. Conceptualizing management accounting change: An institutional framework. *Management Accounting Research*, 11: 3 - 25.

Hopper, T., & M. Major. 2007. Extending institutional analysis through theoretical triangulation: Regulation and activity-based costing in Portuguese telecommunications. *European Accounting Review*, 16 (1): 59 - 97.

International Federation of Accountants. 1998. Guide to government financial reporting. *IFAC Meeting Paper*, 1 - 17.

McLellan, J. D. 2014. Management accounting theory and practice: Measuring the gap in United States businesses. *Accounting, Business and Management*, 1: 53 - 68.

Ouimet, M., D. Jette, & M. Fonda. 2017. Use of systematic literature reviews in Canadian government departments: Where do we need to go?. *Canadian Public Administration*, 60 (3): 397 - 416.

Pfeffer, J., & R. I. Sutton. 2006. *Hard Facts, Dangerous Half-truths, and Total Nonsense: Profiting from Evidence-based Management*. Boston: Harvard Business School Press, 20 - 29.

Rousseau, D. M. 2006. Is there such a thing as evidence-based management. *Academy of Management Review*, 31 (2): 77 - 82.

Tarek, C. 2008. Applying a typology of management accounting change: A research note. *Management Accounting Research*, 6 (5): 278 - 285.

Tucker, B., & L. Parker. 2014. In our ivory towers? The research-practice gap in management accounting. *Accounting and Business Research*, 2: 102 - 143.

Study on the Application of Management Accounting Tools from the Evidence-based Perspective:

Taking Balanced Scorecard as an Example

Junming Yin, Zhiyao Gao, Rong Wang, Qiao Jiang

Abstract: The application of management accounting tools is deeply affected by factors such as social system, market environment and organizational characteristics. How is the mechanism of introducing, improving, applying and promoting a new management accounting tool by enterprises? Based on the perspective of evidence-based management, this paper builds an evidence-based model for the application of management accounting tools, and takes the application and promotion of the balanced scorecard in China as an example to analyze formation, evaluation, application of evidence and related knowledge transformation. A management accounting tool from the introduction, improvement, application until being officially recognized, is in accordance with the evidence-based model to tool retrieval, generating evidence, evaluating evidence and applying evidence in four stages. At the same time, the knowledge of management accounting is spread, accumulated and transformed among relevant subjects through four stages: combination, individual internalization, organization internalization and inter organization externalization. The research conclusions are helpful to understand the decision-making process of the selection and application of management accounting tools, improve the effectiveness of the application of management accounting tools, and provide some experience and behavior guidance for China's enterprises and third-party management experts to introduce and apply new management accounting tools.

Keywords: Management Accounting Tools Application; Evidence-based Management; Knowledge Transformation; Balanced Scorecard (BSC)

第 20 卷，第 1 辑，2021 年
Vol. 20，No. 1，2021

会 计 论 坛
Accounting Forum

机构投资者与投资效率 *

——来自深沪 A 股定向增发公司的经验证据

章卫东　王玉龙　鄢　翔　罗　希

【摘　要】本文基于深沪 A 股 2006～2015 年定向增发公司的数据，以定向增发新股公司引入具有股份锁定期的机构投资者为场景，检验了机构投资者参与公司治理对投资效率的影响；进一步，将定向增发新股公司引入的机构投资者划分为"战略投资者"和"财务投资者"，分别检验它们对公司投资效率的影响。研究发现，定向增发新股公司引入机构投资者有助于促进公司投资效率的提高，且该效应主要体现在战略投资者层面；进一步地，相对于非国有控股定向增发新股公司，战略投资者对国有控股定向增发公司投资效率的正面作用更加明显。本研究提供了机构投资者对公司投资效率正面效应的经验证据，为我国定向增发公司选择发行对象和大力发展股票市场的机构投资者提供了理论支撑和政策参考。

【关键词】定向增发；机构投资者；投资效率

收稿日期：2020 - 09 - 29

基金项目：国家自然科学基金项目（71772081）

作者简介：章卫东，男，江西财经大学会计学院教授；王玉龙，男，中国财政科学研究院会计学博士研究生；鄢翔（通讯作者），男，首都经济贸易大学会计学院讲师，4302@ cueb. edu. cn；罗希，男，江西财经大学会计学院博士研究生。

* 作者感谢匿名评审专家对本文的宝贵意见，但文责自负。

一、引言

我国证券市场一直以来以个人投资者为主，导致难以对上市公司大股东起到有效的制衡效果。为此，我国证监会自 2001 年开始推行"超常规发展机构投资者"政策，机构投资者在公司治理中的作用引起了学者们的广泛关注。但截至目前，学术界对机构投资者对公司治理是否能够发挥作用仍然存在争议。一些学者对机构投资者在公司治理中的作用持肯定态度。他们认为，机构投资者能够提升公司的治理水平（Shleifer and Vishny，1986；Carleton，Nelson and Weisbach，1998；林树和陈浩，2013；李争光、赵西卜和曹丰等，2014），进而有助于公司投资效率的提高（杜晓荣和付晓月，2017；徐爱玲和陈金龙，2017）。而另外一些学者则对机构投资者在公司治理中的作用持否定态度。他们认为，机构投资者是否参与被投资公司的治理取决于它们付出的监督成本及获得的收益（Graves，1988；Waddock and Graves，2002），当付出的监督成本大于获得的收益时，机构投资者并不会对被投资公司的控股股东及管理层的行为加以监督（Webb，Beck and Mckinnon，2003；Gao，Ritter and Zhu，2013），甚至可能与被投资公司的控股股东或管理层结成"战略联盟"来"合谋"侵害其他中小股东的利益（Black，1997；Gillan and Starks，2000；傅勇和谭松涛，2008），这可能导致被投资公司的投资不足或过度投资现象更加严重。之所以存在上述争论，主要原因是在研究机构投资者治理效应时，学者们选取的研究对象——机构投资者所处的投资环境（Firth，Lin and Zou，2010；Zeng，Yuan and Zhang，2011）、投资限制（Burns，Kedia and Lipson，2010）、持股数量（Koh，2007）、持股周期（杨海燕、孙健和韦德洪，2012）等方面存在诸多差异。

根据我国证监会 2006 年颁布的《上市公司证券发行管理办法》，上市公司定向增发新股的对象必须是"特定对象"，而且需要符合股东大会决议规定的相关条件。因此，相比于难以满足认购条件的个人投资者，机构投资者才是定向增发的最大参与主体。且为了进一步约束机构投资者的行为，《上市公司证券发行管理办法》规定机构投资者在认购股份后，需要持有较长时间才能够出售[①]，而这一"锁定期"的有关规定，使得机构投资者无法在短期内进行套利，进而使它们的长期利益与定向增发公司保持

---

① 证监会 2006 年 5 月 6 日颁布的《上市公司证券发行管理办法》规定：定向增发发行的股份自发行结束日起，12 个月内不得转让；控股股东、实际控制人及其控制的企业认购的股份，36 个月内不得转让。2017 年，证监会颁布的《上市公司股东、董监高减持股份的若干规定》指出：除符合原有规定外，通过集中竞价交易减持上市公司非公开发行股票的，在解禁后 12 个月内不得超过其持股量的 50%，通过大宗交易方式减持的，受让方在受让后 6 个月内，不得转让所受让的股份。2020 年 2 月证监会正式发布了修改过后的《上市公司证券发行管理办法》，将关联股东认购的定向增发股份锁定期由 36 个月缩短至 18 个月、非关联股东认购的股份锁定期由 12 个月缩短至 6 个月。

一致，降低了它们做出机会主义行为的可能性。此外，一方面，机构投资者出于自身的信息需求，能够显著抑制上市公司的信息披露不足行为，并能有效提高其信息披露质量（潘琰和辛清泉，2004；杨海燕、孙健和韦德洪，2012），降低公司与外部投资者的信息不对称程度；另一方面，作为上市公司的股东之一，机构投资者能够通过多种方式抑制公司管理层的行为，降低被投资公司的代理成本。因此，大多数学者认为，机构投资者能够有效缓解上市公司的非效率投资问题（Shleifer and Vishny，1986；Carleton，Nelson and Weisbach，1998；杜晓荣和付晓月，2017；徐爱玲和陈金龙，2017）。所以，本文认为机构投资者的公司治理效应可能体现在公司的投资效率上。

按机构投资者参与认购定向增发公司股份的动机，可以将它们划分为"财务型机构投资者"（以下简称"财务投资者"）及"战略型机构投资者"（以下简称"战略投资者"）两种类型。前者认购定向增发公司发行的股票是以短期投资为目的，其收益主要来源于认购定向增发新股发行的折价；而后者则更看重公司的长远发展，其收益主要来源于定向增发公司长期价值的增长。因此，相比于财务投资者，战略投资者在认购定向增发新股公司发行的股票后，有更强烈的动机参与公司治理并促进公司治理水平的提升。那么，定向增发新股公司引入战略投资者后其投资效率能否提高呢？如果能，作用机制又是如何发挥的呢？基于此，本文以定向增发公司引入的机构投资者为研究对象，并将它们划分为战略投资者和财务投资者，分析和检验定向增发公司引入不同类型的机构投资者对公司投资效率的影响。

本文的贡献主要表现在以下方面。（1）丰富了定向增发新股经济后果的研究。现有关于定向增发新股经济后果的研究主要集中于定向增发新股后的股东财富效应方面，并且学者们从机构投资者监督（Wruck，1989）、信息不对称（Hertzel and Smith，1993）、控股股东增发价格的操纵（张鸣和郭思永，2009）、公司盈余操纵（章卫东，2010）等方面解释影响定向增发公司股东财富效应的途径，但鲜有学者从定向增发新股公司引入的机构投资者参与公司治理视角，探究定向增发公司引入机构投资者对公司投资效率的影响，关于定向增发公司引入战略投资者与财务投资者对投资效率影响的文献更是不多见。本文基于定向增发公司引入机构投资者的情景，探究了战略投资者与财务投资者对公司投资效率的影响差异，从而丰富了相关定向增发新股经济后果的研究。（2）尽管有关不同类型机构投资者治理效率的文献相当丰富，但鲜有学者研究定向增发公司引入具有股份锁定期的机构投资者对公司投资效率的影响。而且，尽管现有关于战略投资者和财务投资者公司治理效应的文献极为丰富，但这些研究都是在战略投资者和财务投资者没有严格股份锁定期背景下做出的。而本文以定向增发公司引入战略投资者与财务投资者为研究对象，检验了这两类不同持股周期的机构投资者对公司投资效率的影响，从机构投资者持股周期视角丰富了现有关于机构投资者对公司投资效率的研究文献。

二、文献综述

（一）投资效率的影响因素研究

投资效率是企业价值的一种有效体现，投资效率越高往往代表着企业具有越强的资金运作能力。西方学者的研究普遍认为，由于公司内外部投资者信息的非对称性，企业很难将自身信息传递给外界。一方面，企业虽有好的项目，但无法将相关的信息传递给外部投资者，进而无法筹集到相应的资金，产生投资不足现象；另一方面，公司的管理层对外部证券市场信息获取的偏误会阻止公司从事净现值（NPV）为正的项目的投资，最终可能引发投资不足现象（Myers and Majluf, 1984）。此外，由于信息不对称而引发的道德风险及逆向选择行为也是诱发企业投资不足的重要原因（Jensen, 1976；Bertrand and Mullainathan, 2003），经理人基于自身的利益考虑，可能放弃投资净现值为正的项目。Ross（1973）的研究结果支持了上述观点，他认为信息不对称所引发的代理问题是投资不足的重要"推手"。

而有关过度投资现象的解释认为，随着现代企业两权分离程度的逐步提高，企业所有者与管理层的利益不再完全一致，为实现自身的私有利益并达到现金流的支配及企业帝国的构建等目的，管理层可能将企业的自由现金流投资于净现值为负的项目，从而使公司产生过度投资现象（Jensen, 1986, 1993）。尽管股权集中能在一定程度上缓解上述代理问题，但股权集中度的提升又衍生了公司控股股东与中小股东间新的代理问题，如控股股东迫使公司投资于净现值为负但能够使控股股东获得协同效应的项目，进而引发过度投资现象（Johnson, Boone and Breach et al., 2000）。并且，在信息不对称的情况下，投资方难以判断投资支出的回报，外部投资者也很难对公司的投资活动进行有效的监管，因而可能导致企业发生更加严重的过度投资现象（Modigliani and Miller, 1959；Fazzari, Hubbard and Petersen, 1987）。增发新股使得公司的现金流充沛，为公司过度投资创造了更加有利的条件，加之信息不对称现象和经理人代理成本的存在，经理人很可能将增发新股所募集的资金投向净现值为负的项目，进而加剧企业过度投资现象。

（二）机构投资者与投资效率的相关研究

随着中国资本市场的不断发展，机构投资者逐渐成为证券市场重要的驱动力，其治理角色也逐渐受到学者们的关注。部分学者认为机构投资者能够通过监督上市公司大股东和管理层行为的方式改善公司治理状况，进而促进公司投资效率的提高（Shleifer and Vishny, 1986；Carleton, Nelson and Weisbach, 1998）。同时，也有部分学者认为，机构投资者只会在监督成本合理的情况下发挥监督作用（Graves, 1988；

Waddock and Graves, 2002；Webb, Beck and Mckinnon, 2003；Gao, Ritter and Zhu, 2013）。前者认为机构投资者能够有效治理公司的原因是机构投资者具有更高的专业水平和更强的管理能力（Parrino, Sias and Laura, 2003；Korczak and Tavakkol, 2004）、持股比例较大可以对控股股东起到股权制衡作用（Panousi and Papanikolaou, 2012；魏明海、黄琼宇和程敏英，2013；李胜楠、吴泥锦和曾格凯茜等，2015）、具有更加畅通的信息渠道可以缓解信息不对称现象（庄明明和梁权熙，2021）。因此，机构投资者对公司管理层和控股股东行为的监督能够更加有效，从而抑制公司的过度投资或投资不足现象。并且，机构投资者的持股数量越多，机构投资者采取机会主义行为的成本越高，这在一定程度上可以减少其"利益攫取"的机会主义行为，并促使它们通过"用手投票"的方式积极参与被投资公司的治理，从而使被投资公司的非效率投资行为减少（Bushee, 1998；Hadani, Goranova and Khan, 2011；陈仲民，2005）。同时，机构投资者还能将公司的内部信息有效传递到资本市场，降低公司的信息不对称程度，促进公司外部治理机制发挥作用（Chidambaran and John, 1997；王春峰、刘珊珊和房振明，2018）。并且，随着机构投资者对控股股东机会主义行为的抑制效应的增强以及对公司信息不对称程度的缓解作用的发挥，其治理效果更好，公司投资效率的改善也更加明显（李维安和姜涛，2007；杨兴全、张照南和吴昊旻，2010；陈运森和谢德仁，2011）。

尽管如此，依旧有学者认为，机构投资者不能有效进行公司治理，反而可能会与控股股东或管理层进行"合谋"。持此观点的学者认为，机构投资者是否参与被投资公司的治理主要取决于它们自身的动机以及对成本与收益的考虑（Graves and Waddock, 1990；Waddock and Graves, 2002）。出于对监督成本等自身利益的考量，机构投资者不仅不会对公司的控股股东实施有效的制衡，也不会对公司的管理层行为加以监督（Webb, Beck and Mckinnon, 2003；Gao, Ritter and Zhu, 2013），甚至有可能与被投资公司的控股股东或者管理层结成"战略联盟"，进而扮演"利益攫取者"的角色，侵害其他利益相关者的利益（Black, 1997；Gillan and Starks, 2000；傅勇和谭松涛，2008）。Murphy 和 van Nuys（1994）的研究发现，机构投资者的最终目标与企业价值最大化并非完全一致，它们具有一定的短视性，可能与公司的长期发展相冲突。较高的治理成本可能会削弱机构投资者参与治理的积极性，从而使得公司的过度投资、投资不足等非效率投资行为无法得到有效控制（Stulz, 1990；唐雪松，周晓苏和马如静，2007；宋常和刘司慧，2010）。还有学者认为机构投资者存在"双重代理"问题，可能存在的逆向选择和道德风险问题会使机构投资者在持股比例较高的情况下，为了优先保证自身收益而做出非效率的投资的决策（郭磊和王震，2012）。孟涛、焦捷和田园（2015）的研究得出了相似的结论。

（三）机构投资者异质性与投资效率的影响因素研究

随着研究的不断深入，学者们关注的重心转向了机构投资者的异质性对公司治理及其投资效率的影响。大多数研究认为，基于不同机构投资者的特征，它们在参与公司治理意愿、方式及手段上存在着较大差异，进而影响公司治理的效果；且由于学者们在研究机构投资者对公司治理及投资效率的影响时，所选取的投资环境（Firth, Lin and Zou, 2010；张敏和姜付秀，2010；Zeng, Yuan and Zhang, 2011）、投资的限制（Koh, 2007；Burns, Kedia and Lipson, 2010）、持股的数量（Khan, Qayyum and Sheikh, 2005；Koh, 2007）、持股的周期（杨海燕、孙健和韦德洪，2012）等存在差异，关于机构投资者治理效应的研究结论存在差异。现有研究普遍认为，机构投资者的持股时间越长（Bushee, 1998；Graham, Harvey and Rajgopal, 2005；Chen, Harford and Li, 2007；叶建芳、赵胜男和李丹蒙，2012）、持股比例越高（Bradley and Chen, 2011；Gillan and Starks, 2000）、持股稳定性越强（杜晓荣和付晓月，2017），它们对上市公司非效率投资的抑制作用越强。Bradley 和 Chen（2011）认为，只有在持股期限较长时，基金才能表现出较为积极的公司治理效应。Brickley、Lease 和 Smith（1988）也发现，相比对压力不敏感的机构投资者，压力敏感型机构投资者的行为更倾向与管理层保持一致。但也有研究表明，消极的机构投资者持有公司股份的增加会导致更强的管理层权力、更少的独立董事更新以及更差的并购行为，从而带来更高的代理成本和投资效率的下降（Schmidt and Fahlenbrach, 2017）。

此外，还有学者根据机构投资者参与公司投资的动机将它们划分为"战略投资者"和"财务投资者"。他们将对被投资公司的持股周期相对较长，持有公司股份的目的主要获取战略性长期收益的一类投资者归类为"战略投资者"。基于战略投资者的此类特征，他们认为，战略投资者参与公司治理的意愿更强，更能够监督公司的控股股东与管理层，并能够有效降低公司管理层及控股股东的代理成本（Wruck, 1989；Mccahery, Sautner and Starks, 2016；李越冬和严青，2017）。而将主要是通过证券组合方式参与被投资公司投资来赚取短期收益，投资行为主要是为了"卖"而"买"的一类机构投资者归类为"财务投资者"。他们认为，财务投资者持有被投资公司股份的时间相对较短，一般只关注证券的交易性收益，出于节省监督成本的考量会放弃主动参与被投资公司的治理活动（Burns, Kedia and Lipson, 2010；Bebchuk, Brav and Jiang, 2015）。因此，财务投资者对公司的过度投资和投资不足等非效率投资行为的抑制效果相对较小。

综上所述，现有关于机构投资者治理效应及其对被投资公司投资效率影响的研究很丰富，但鲜有学者研究具有股份锁定期的机构投资者对公司治理及投资效率的影响。上市公司定向增发股票会对企业内部现金流产生重大影响，增发后公司的现金流剧增为非效率投资行为创造了有利条件，在定向增发新股引入具有股份锁定期的机构投资者的背景下，这更有利于我们考察机构投资者持股期限对公司治理及投资效率的影响。进一步，将定向增发新股引入的机构投资者按照股份锁定的时间及投资目的区分为财务投资者和战略投资者，更有利于考察不同持股期限的机构投资者对公司治理及投资效率的影响。

三、理论分析与研究假设的提出

现有关于机构投资者参与被投资公司治理途径的文献认为：一是"用脚投票"的治理机制，即通过抛售公司股票造成股价下跌压力的方式迫使公司改善经营管理；二是通过"用手投票"的形式参与公司治理，并影响公司管理层及董事会的行为，即通过持有公司股票，并通过各种途径积极参与公司治理；三是虽然持有公司股票，但对公司的经营活动并不发表自身的意见。但多数研究认为，机构投资者是否参与公司治理及机构投资者的治理效应取决于不同环境下机构投资者的持股比例、持股期限以及自身特征等因素（Burns，Kedia and Lipson，2010；刘星和吴先聪，2011；Bebchuk，Brav and Jiang，2015；Schmidt and Fahlenbrach，2017）。相比于其他情景中的机构投资者，认购定向增发股票的机构投资者所处的环境及自身特征有着显著差异，它们认购的增发股票价格较二级市场认购价格更低，但在认购新股后，需要经过一定时间的锁定期才能出售。虽然低于市价认购定向增发新股公司发行的新股使它们获得了"套利"的机会，但锁定期的规定又限制了它们"用脚投票"来规避投资风险和获取短期收益。因此，较之一般机构投资者，认购定向增发新股的机构投资者为了实现长期价值的增长、降低持有股票期间的投资风险，往往有动机参与增发新股公司的治理（Wruck，1989），而积极的公司治理能够带来公司投资效率的提升（李维安和姜涛，2007；陈运森和谢德仁，2011；方红星和金玉娜，2013）。

此外，根据相关规定，一方面，增发新股的公司需要事先对自身募集资金的投资项目、财务报告等相关信息进行公开披露，并在增发新股前接受会计师事务所、保荐机构及相关监管部门的审查；另一方面，机构投资者在认购定向增发新股前也会对新股发行公司进行详细的实地考察和认证，这有助于缓解交易双方的信息不对称问题。对于定向增发新股募集的资金，无论用途是专门项目的投资还是资产收购，拟认购定向增发新股的机构投资者都会进行详细的考察和认证。由于机构投资者认购的定向增发新股要按规定锁定相当长的时间，为降低认购股份锁定期的风险，保障自身的利益，认购定向增发新股的机构投资者还会持续对定向增发新股公司及其所募集资金的使用情况实施监管，这就有可能进一步减少定向增发新股公司的非效率投资行为。此外，认购定向增发新股的机构投资者仍然具有一般机构投资者的普遍特征，但相比于一般投资者它们持股比例较大、具有专业管理团队、参与公司治理的积极性更强。因此，参与定向增发新股公司投资的机构投资者本身具有抑制公司控股股东和管理层的机会主义行为的能力，能够在一定程度上缓解定向增发新股公司内部的代理问题和信息不对称问题，而代理问题和信息不对称问题的缓解是提升公司投资效率的关键。因此，相比于一般的机构投资者，认购定向增发新股的机构投资者的锁定期制度能够促使它们更积极主动地参与增发公司的治理，强化它们对公司投资行为的监督，进而抑制因代理问题和信息不对称问题而导致的定向增发新股公司过度投资或投资不足现象，促进定向增发新股公司投资效率的提高。基于以上分析，本文提出：

H1：在限定其他条件的情况下，相比于非定向增发新股公司，定向增发新股公司引入机构投资者能够有效提升公司投资效率。

根据参与认购定向增发新股机构投资者的持股目的，将它们分为战略投资者和财务投资者，并且，机构投资者是以战略投资者还是以财务投资者的身份参与认购定向增发新股需要在发行前就根据其投资目的加以确定，并且监管部门要根据它们已确定的身份，对它们认购的定向增发新股做相应的锁定限制。具体而言，战略投资者认购的定向增发新股需要持有满 36 个月后才能在二级市场中流通；而若机构投资者被认定为财务投资者，它们持有定向增发新股的股份锁定期只有 12 个月。相比之下，战略投资者的持股锁定期更长，投资风险也更大。因此，战略投资者更愿意花费更高的监督成本对定向增发新股公司的募资项目及投资方案进行详细的考察和认证，只有当战略投资者认为定向增发的募资项目具有投资价值，并能够为自己带来长期收益和价值增长时才会参与认购。并且，在战略投资者认购定向增发新股后，由于有 36 个月的锁定期，为降低锁定期带来的投资风险，战略投资者仍然愿意花费更大的监督成本对公司控股股东、管理层实施监督，尤其会关注定向增发公司募集资金的使用情况，战略投资者的有效监督不仅可以降低参与认购方的信息不对称程度，而且可以缓解因代理问题带来的逆向选择和道德风险问题，从而抑制定向增发新股公司非效率投资行为的发生。并且，相比于财务投资者，战略投资者追求更长期的价值增长，因而它们认购的股票数量往往较多，即使在认购的股票解锁后，战略投资者也很难实施"用脚投票"机制进行减持，因为当它们持股数量较多时，实施"用脚投票"的机制会导致公司股票价格的大幅下跌，从而给自身带来较大损失（Kahn and Winton，1998）。因此，定向增发新股引入战略投资者对定向增发新股公司投资效率提升的作用更大。

而财务投资者参与被投资公司的目的主要是赚取短期投资收益，它们主要是为"卖"而"买"，并进行证券投资组合以分散投资风险，一般是不打算长期战略持股的机构投资者，如证券、基金、信托和保险公司等。在我国，财务投资者参与认购定向增发新股的目的是通过享受定向增发新股发行价格的折扣赚取股票增值的短期财务收益，它们往往不关心定向增发公司股票的长期价值，所认购的定向增发新股一般在解锁之后都会择机出售（刘京军和徐浩萍，2012）。由于认购定向增发新股的财务投资者不打算长期持有定向增发公司的股票，出于监督成本的考量，它们不愿意花费更多成本对定向增发公司的投资项目进行认证，也不会花费更大的监督成本对定向增发新股公司的控股股东、管理层实施监督，因此它们对定向增发新股公司非效率投资的监督效果有限。基于以上分析，本文提出：

　　H2：在限定其他条件的情况下，相比于财务投资者，定向增发公司引入战略投资者对公司投资效率提高的作用更大。

　　相对于英美等西方国家上市公司股权结构分散的特征，我国上市公司股权相对集中，且大多数公司存在"一股独大"的现象，从而按照上市公司控股股东的性质可以将它们划分为国有控股上市公司及民营控股上市公司。尽管这两类上市公司都存在一个控股股东，但国有控股股东的缺位使得对公司管理层的监督弱化（李增泉、孙铮和王志伟，2004；徐莉萍、辛宇和陈工孟，2006），因此，相对于民营控股上市公司，国有控股上市公司经理人代理成本更高，国有控股上市公司的非效率投资现象更加严重（Lin and Tan，1999；林毅夫和李志赟，2004；杨华军和胡奕明，2007；俞红海、徐龙炳和陈百助，2010）。并且，由于国有资本的"双重性目标"特征，国有控股上市公司不仅要实现资本增值的经济目标，而且要保证社会整体利益最大化。因此，国有控股上市公司的经营目标多元化，在投资项目的选择等方面不仅要考虑经济效率，还要兼顾政治目标和社会目标的实现，这难免会导致非效率投资行为的发生，甚至为了实现政治目标和社会目标而投资于一些非营利性的项目。在国有控股上市公司通过定向增发引入了战略投资者后，战略投资者出于自身利益的考量，有更强的动机参与定向增发公司的治理，有更强意愿和动机监督国有控股上市公司的经理人，从而降低经理人代理成本，进而减少国有控股定向增发公司过度投资和投资不足等非效率投资行为的发生。

　　相比于国有控股上市公司的控股股东，非国有控股上市公司的控股股东对上市公司的控制能力更强（曾庆生和陈信元，2006；何枫和陈荣，2008），即使非国有控股定向增发公司引入了参与公司治理意愿较强的战略投资者，也很难形成对原有民营控股股东的制衡力量。因此，战略投资者对非国有控股定向增发公司的非效率投资行为的影响程度有限。基于以上分析，本文提出：

H3：在其他条件相同的情况下，相比于非国有控股上市公司，国有控股上市公司在定向增发引入战略投资者后投资效率更高。

四、实证研究设计

（一）样本选择与数据来源

考虑到证监会于 2006 年颁布了《上市公司证券发行管理办法》，并且在 2017 年对定向增发细则做了一些修改，随后又在 2020 年做出了新的改动，为了规避上述细则变动造成的显著影响，以及考虑到模型需要用到数据的滞后项，本文以我国 2006～2015 年实施了定向增发的 A 股上市公司为研究对象，以定向增发新股公司引入机构投资者参与公司治理为视角，检验机构投资者对公司投资效率的影响。关于认购定向增发新股的"战略投资者"和"财务投资者"，根据增发公告中披露的数据确定，并根据公告的信息人工收集相关数据，其他数据均来自上市公司的年报及 CSMAR 数据库。同时按以下标准筛选样本：（1）剔除实施了定向增发的金融类上市公司；（2）剔除 ST、*ST 的上市公司；（3）剔除定向增发公司中财务数据缺失、相关数据异常的上市公司。数据处理采用的软件是 Stata15.0。

（二）PSM 样本选择

为了验证假设 H1，本文将实施定向增发的公司按照年度划分，再分别匹配出相应的控制组样本，以没有进行定向增发的公司作为控制组样本公司，为了尽可能地减少匹配偏差，本文选取了资产负债率（Lev）、资产净利率（ROA）、营业收入增长率（Grow）、两职合一（Dual）、大股东掏空（Tunnel）、总资产（Size）、管理费用率（Adm）作为匹配变量。

此外，在匹配之前采用缩尾处理解决异常值带来的影响问题，先对 PSM 模型采用 Logit 回归，再根据倾向得分值对实验组分年度进行有放回的 1∶1 最邻近匹配，并删除匹配缺失的观测值。最终本文对"全部定向增发样本组""有机构投资者参与组"以及"有非机构投资者参与组"进行匹配，分别得到 2366 个、2090 个和 792 个观测值。

（三）模型与变量度量

为验证假设 H1，我们构建如下模型进行验证：

$$
\begin{aligned}
Absinv_{i,t} =\ & \beta_0 + \beta_1 Treat1(Treat2/Treat3)_{i,t} + \beta_2 Lev_{i,t-1} + \beta_3 Roa_{i,t-1} + \beta_4 Grow_{i,t-1} \\
& + \beta_5 Independ_{i,t-1} + \beta_6 Dual_{i,t-1} + \beta_7 Size_{i,t-1} + \beta_8 Tunnel_{i,t-1} + \beta_9 Adm_{i,t-1} \\
& + Year + Industry + \varepsilon
\end{aligned} \tag{1}
$$

为验证假设 H2、H3，我们构建如下模型进行验证：

$$Absinv_{i,t} = \beta_0 + \beta_1 Strainv_{i,t} + \beta_2 Price_{i,t} + \beta_3 Issuance_{i,t} + \beta_4 Discount_{i,t} + \beta_5 Lev_{i,t-1}$$
$$+ \beta_6 Roa_{i,t-1} + \beta_7 Grow_{i,t-1} + \beta_8 Independ_{i,t-1} + \beta_9 Dual_{i,t-1} + \beta_{10} Size_{i,t-1} \qquad (2)$$
$$+ \beta_{11} Tunnel_{i,t-1} + \beta_{12} Adm_{i,t-1} + Year + Industry + \varepsilon$$

其中主要变量定义如下。

1. 投资效率

本文参照 Richardson（2006）的模型，即式（3）衡量公司投资效率。回归残差为正时，为投资过度；回归残差为负时，则为投资不足。因此，本文取残差绝对值（$Absinv$）来衡量公司投资效率的高低，即 $Absinv$ 越小，过度投资或者投资不足的程度越低，投资效率就越高。

$$INV_t = \alpha_0 + \alpha_1 Grow_{t-1} + \alpha_2 Lev_{t-1} + \alpha_3 Cash_{t-1} + \alpha_4 Age_{t-1} + \alpha_5 Size_{t-1} + \alpha_6 Ret_{t-1}$$
$$+ \alpha_7 Inv_{t-1} + Year + Industry + \varepsilon \qquad (3)$$

在模型（3）中，INV_t 为第 t 年的资本投资量，根据辛清泉、郑国坚和杨德明（2007）的研究，选取 $t-1$ 年的主营业务收入增长率（$Grow_{t-1}$）衡量公司成长性，并且分别选取公司 $t-1$ 年末的资产负债率、现金持有量、上市年限、公司规模、股票收益率和资本投资量（Lev_{t-1}，$Cash_{t-1}$，Age_{t-1}，$Size_{t-1}$，Ret_{t-1} 和 Inv_{t-1}）加入回归模型，其中 Ret_{t-1} 采用公司第 $t-1$ 年 5 月到第 t 年 4 月经市场调整的月股票回报率来计算。此外，模型还增加了年度控制变量 $Year$ 和行业控制变量 $Industry$。

2. 机构投资者类型

本文进一步将定向增发新股公司引入的外部机构投资者分为战略投资者和财务投资者。若认购对象中包含有战略投资者，则确认为战略投资者参与；否则，为仅有财务投资者参与。本文设置虚拟变量 $Strainv$ 代表参与定向增发新股的外部机构投资者类型，若认购对象中包含战略投资者，则该虚拟变量赋值为 1；否则，该虚拟变量赋值为 0。

3. 控制变量

根据现有的文献，公司治理水平、公司的经营情况、公司的规模及现金流等特征都会对公司的投资效率产生不同程度的影响（程新生、谭有超和刘建梅，2012；魏明海和柳建华，2007；姜付秀、张敏和陆正飞等，2009；李维安和马超，2014）。因此，本文控制了公司治理和财务特征的相关变量。此外，为了进一步减少定向增发本身带来的数据偏差，本文也对定向增发新股发行规模、定向增发新股发行价格和定向增发折价率进行了控制。

本文研究所涉及变量的具体定义见表 1。

表 1　变量定义

变量类型	变量含义	变量符号	变量定义
被解释变量	投资效率	*Absinv*	运用 Richardson（2006）的模型计算出残差的绝对值，将之表示投资效率水平，绝对值越大，投资效率水平越低
解释变量	是否实施定向增发	*Treat*1	三组匹配样本中实验组样本 *Treat*1/*Treat*2/*Treat*3 = 1，控制组样本则 *Treat*1/*Treat*2/*Treat*3 = 0
		*Treat*2	
		*Treat*3	
	机构投资者类型	*Strainv*	战略投资者参与认购赋值为1；仅有财务投资者参与认购赋值为0
	机构投资者认购比例	*Pro*	机构投资者认购定向增发新股的数量/定向增发新股总股数
控制变量	定向增发新股发行规模	*Issuance*	定向增发新股筹集的资金
	定向增发新股发行价格	*Price*	定向增发新股的发行价格
	定向增发折价率	*Discount*	（增发日前一日的收盘价 - 增发价）/增发日前一日的收盘价
	财务杠杆	*Lev*	公司的总负债/总资产
	资产收益率	*Roa*	营业利润/年末总资产
	公司成长性	*Grow*	净资产收益率×收益留存率/（1 - 净资产收益率×收益留存率）
	独立董事比例	*Independ*	独立董事人数/董事会总人数
	两职合一	*Dual*	董事长和总经理为同一人时为1，否则为0
	公司规模	*Size*	期末总资产的自然对数
	大股东掏空	*Tunnel*	其他应收款/总资产
	管理费用率	*Adm*	管理费用/主营业务收入
	产权性质	*Gov*	国有控股上市公司赋值为1；非国有控股上市公司则赋值为0
	董事会规模	*Board*	董事会总人数
	大股东持股	*Top*1	第一大股东持股比例
	股权制衡度	*Balance*	公司第二至第十大股东的持股比例合计/第一大股东持股比例
	股东大会次数	*Times*	公司召开的股东大会次数
	年度	*Year*	控制年度差异的影响
	行业	*Industry*	控制行业差异的影响

五、实证结果

（一）描述性统计分析

在经过一定方法筛选后，本文一共得到样本期间（2006～2015年）的定向增发公司 1993 个，其中机构投资者参与的样本数为 1572 个，非机构投资者参与的样本数为 421 个。此外，为了减少极端值所带来的影响，本文对主要连续变量进行了上下 1% 的缩尾处理，从而得到描述性统计结果（如表 2 所示）。

表 2　描述性统计结果

变量名称	均值	标准差	最小值	中位数	最大值
Absinv	0.078	0.112	0.001	0.045	0.766
Strainv	0.209	0.406	0.000	0.000	1.000
Issuance	14.434	19.611	0.680	7.450	120.000
Price	12.872	8.588	2.570	10.170	47.500
Discount	0.266	0.257	-0.520	0.241	0.831
Lev	0.477	0.195	0.079	0.477	0.8645
Roa	0.037	0.052	-0.188	0.036	0.186
Grow	0.064	0.135	-0.672	0.063	0.476
Independ	0.368	0.050	0.300	0.333	0.556
Dual	0.230	0.421	0.000	0.000	1.000
Size	21.787	1.197	19.114	21.661	25.317
Tunnel	0.019	0.028	0.000	0.010	0.183
Adm	0.096	0.083	0.009	0.075	0.574
Gov	0.423	0.494	0.000	0.000	1.000

从表 2 中可以发现，虽然投资效率（*Absinv*）的最大值和最小值存在较大差异，但是投资效率的均值为 0.078，与中位数 0.045 较为接近，标准差也相对较小，说明实施定向增发的上市公司投资效率差异较小。机构投资者类型（*Strainv*）的均值为 0.209，说明定向增发样本中有 20.9% 的公司向战略投资者定向增发新股。此外，定向增发新股发行规模（*Issuance*）的极值差异和标准差相对较大，说明样本公司中定向增发新股发行规模差距较大，而公司投资效率会受到定向增发所募集资金规模的影响，这与样本中存在投资效率极端现象的情况相符。

（二）多元回归分析

1. 假设 H1 的实证回归结果

为检验定向增发新股公司引入机构投资者对公司投资效率的影响，本文将定向增发的对象分为"全部定向增发样本组""有机构投资者参与组"以及向控股股东及其关联股东、员工、经理人、自然人增发的"有非机构投资者参与组"，分别采用 PSM 回归（结果见表 3），控制组的样本均为匹配得到的未实施定向增发的上市公司；被解释变量是投资效率的绝对值（*Absinv*），解释变量为是否实施定向增发（*Treat*1/*Treat*2/*Treat*3）。

表 3　机构投资者是否实施定向增发

变量	*Absinv*		
	全部定向增发样本组	有机构投资者参与组	有非机构投资者参与组
*Treat*1	-0.014*** (-6.45)		
*Treat*2		-0.121*** (-2.69)	

变量	Absinv		
	全部定向增发样本组	有机构投资者参与组	有非机构投资者参与组
Treat3			−0.020
			(−1.15)
Lev	0.007	0.968 **	0.494 ***
	(1.02)	(2.42)	(2.93)
Roa	−0.000 **	0.121 **	−0.072
	(−2.13)	(−2.02)	(−1.46)
Grow	0.002	0.046	0.037
	(0.67)	(1.26)	(1.05)
Independ	0.011	0.187 *	0.127
	(0.65)	(1.83)	(1.08)
Dual	0.001	−0.009	0.040 **
	(0.39)	(−0.80)	(2.09)
Size	0.001	−0.103 ***	−0.057 ***
	(0.47)	(−2.59)	(−3.49)
Tunnel	0.011	−1.858	−0.479
	(0.22)	(−1.60)	(−1.50)
Adm	0.003 **	−0.002 **	−0.360 ***
	(2.14)	(−2.04)	(−2.79)
Constant	0.054 **	1.800 ***	0.951 ***
	(2.18)	(2.69)	(3.62)
年度	控制	控制	控制
行业	控制	控制	控制
样本量(个)	2366	2090	792
调整 R^2	0.108	0.963	0.574

注：括号内数字为 t 值，*** 、 ** 、* 分别代表在 1%、5% 与 10% 的水平上显著，下文同。

从表 3 中可以发现，Treat1 的系数为 −0.014 并且在 1% 的统计水平上显著，说明定向增发新股公司的投资效率要好于未实施定向增发的公司。从表 3 中还可以发现，"有机构投资者参与组"中 Treat2 的回归系数为 −0.121，并且在 1% 的统计水平上显著，而"有非机构投资者参与组"中 Treat3 的回归系数为 −0.020，但是不具有统计显著性。说明在定向增发的样本公司中，相比于非机构投资者，机构投资者的引入更能够提升定向增发新股公司的投资效率。因此，假设 H1 得以验证。

2. 假设 H2、H3 的实证回归结果

表 4 列示的是参与认购定向增发新股的机构投资者类型与投资效率关系的回归结果。

表 4　机构投资者类型与投资效率

变量	Absinv		
	全样本	国有组	非国有组
Strainv	-0.013 ** (-1.99)	-0.019 ** (-2.07)	-0.008 (-0.90)
Issuance	0.002 *** (7.90)	0.002 *** (4.58)	0.003 *** (6.57)
Price	-0.000 (-0.37)	-0.001 * (-1.75)	0.000 (0.47)
Discount	-0.001 (-0.08)	-0.006 (-0.36)	-0.002 (-0.13)
Lev	0.042 * (1.74)	0.005 (0.11)	0.062 ** (2.11)
Roa	0.031 (0.30)	-0.047 (-0.25)	0.095 (0.80)
Grow	0.061 * (1.74)	0.066 * (1.66)	0.065 (1.21)
Independ	0.028 (0.56)	0.065 (0.82)	-0.024 (-0.36)
Dual	0.001 (0.10)	-0.021 ** (-2.28)	0.009 (1.27)
Size	-0.043 *** (-8.38)	-0.041 *** (-5.14)	-0.041 *** (-6.29)
Tunnel	0.033 (0.23)	-0.414 *** (-3.92)	0.278 (1.33)
Adm	-0.022 (-0.56)	-0.023 (-0.34)	-0.031 (-0.66)
Constant	0.939 *** (9.13)	0.950 *** (5.87)	0.875 *** (6.40)
年度	控制	控制	控制
行业	控制	控制	控制
样本量(个)	1572	630	942
调整 R²	0.208	0.165	0.263

从表 4 可以发现，全样本组中 Strainv 的回归系数为 -0.013，并且在 5% 的统计水平上显著，说明在其他条件相同的情况下，战略投资者的引入比财务投资者的引入更能提高定向增发新股公司的投资效率。因此，假设 H2 得以验证。同样，在进一步将定向增发新股公司分为国有控股上市公司和非国有控股上市公司后可以发现，

在国有组中，*Strainv* 的回归系数为 －0.019，并且在 5% 的水平上显著；而非国有组中，*Strainv* 的回归系数为 －0.008，但是不具有统计显著性。说明在其他条件相同的情况下，相比于非国有控股上市公司，国有控股上市公司在向战略投资者定向增发新股之后的投资效率改善更显著。因此，假设 H3 得以验证。

六、进一步研究

机构投资者不仅相对于普通投资者具有更强的参与公司治理的动机和能力，也可以作为调和大股东与管理层之间代理冲突的一种缓冲机制（Gillan and Starks，2007；王钰和祝继高，2015），尤其是在董事会治理功能缺失的情况下，机构投资者为了实现自身利益最大化会积极参与公司治理（Fama and Jensen，1983）。因此，机构投资者不仅有助于增强董事会的独立性（David and Kochhar，1996），还能够向董事会施加更换人选的压力（Brav，Jiang and Partnoy et al. ，2008）。

在我国资本市场中，机构投资者中战略投资者的认购比例更高、持股周期更长，在公司中的话语权也更强。而在现实中也不乏机构投资者进入董事会的案例，如机构投资者宝能系以战略投资者的身份参与万科控制权争夺（李东升、王慧铭和苏琦，2019），鄂武商混合所有制改革过程中民营股东联合机构投资者争取更多的董事会席位（郝云宏和汪茜，2015），以及高瓴资本认购凯莱英定向增发的股票并提名一位董事候选人。因此，我们认为机构投资者有充足的动机参与董事会，进而改善公司治理，提高公司投资效率。为了检验战略投资者是否会通过影响董事会规模达到参与公司治理的目的，本文参考姜付秀、王运通和田园等（2017）采用中介效应模型来检验战略投资者的治理作用机制，具体模型如下：

$$Board = \beta_0 + \beta_1 Strainv + \sum \beta Controls + \varepsilon \tag{4}$$

$$Absinv = \beta_0 + \beta_1 Strainv + \sum \beta Controls + \varepsilon \tag{5}$$

$$Absinv = \beta_0 + \beta_1 Strainv + \beta_2 Board + \sum \beta Controls + \varepsilon \tag{6}$$

从表 5 中第（1）列可以发现，机构投资者类型（*Strainv*）的回归系数为 0.265，并且在 5% 的统计水平上显著，说明战略投资者能够显著扩大董事会的规模。第（3）列中机构投资者类型（*Strainv*）的回归系数为 －0.029，董事会规模（*Board*）的回归系数为 －0.006，并且二者均在 5% 的统计水平上显著，说明董事会规模的扩大对公司投资效率起到了显著的正向作用。因此，战略投资者提升上市公司投资效率的作用机制得到了检验。

表 5　作用机制检验

变量	(1) Board	(2) Absinv	(3) Absinv
Strainv	0.265 ** (2.33)	− 0.031 *** (− 2.59)	− 0.029 ** (− 2.49)
Board			− 0.006 ** (− 2.04)
Issuance	0.004 (1.47)	0.001 *** (2.95)	0.001 *** (3.06)
Price	− 0.002 (− 0.45)	0.000 (0.49)	0.000 (0.47)
Discount	− 0.002 (− 0.83)	0.001 ** (2.00)	0.001 ** (1.98)
Lev	− 0.454 ** (− 2.14)	− 0.021 (− 0.53)	− 0.023 (− 0.58)
Roa	− 1.144 (− 1.63)	− 0.161 (− 1.12)	− 0.167 (− 1.16)
Grow	− 0.089 * (− 1.73)	0.016 ** (2.54)	0.016 ** (2.47)
Independ	− 11.802 *** (− 13.56)	0.025 (0.40)	− 0.045 (− 0.62)
Dual	0.160 * (1.76)	0.009 (1.13)	0.010 (1.23)
Size	0.465 *** (8.10)	− 0.035 *** (− 4.95)	− 0.032 *** (− 4.68)
Tunnel	0.673 (0.57)	0.247 (0.78)	0.251 (0.80)
Adm	0.002 ** (2.13)	− 0.000 (− 1.34)	− 0.000 (− 1.24)
Constant	3.516 *** (2.71)	0.781 *** (5.37)	0.802 *** (5.45)
年度	控制	控制	控制
行业	控制	控制	控制
样本量(个)	1416	1416	1416
调整 R^2	0.270	0.115	0.117

七、稳健性检验

（一）Heckman 两阶段模型检验

公司治理是影响机构投资者参与认购定向增发新股公司所发行新股的主要因素，信息不对称程度与代理问题等因素又会影响机构投资者参与认购定向增发新股公司所发行新股的意愿而导致自选择偏误。为了解决样本选择导致的此类内生性问题，使用 Heckman 两阶段模型对本文的假设 H2 进行再次检验。

第一阶段采用模型（7）进行 Probit 回归，将大股东持股（$Top1$）、股权制衡度（$Balance$）、股东大会次数（$Times$）加入 Probit 模型进行回归并计算出逆米尔斯比率（Imr）。

$$\text{Probit}(Strainv) = \beta_0 + \beta_1 Top1 + \beta_2 Balance + \beta_3 Times + \sum \beta Controls + \varepsilon \tag{7}$$

第二阶段通过逆米尔斯比率（Imr）构建模型（8）进行回归。

$$Absinv = \beta_0 + \beta_1 Strainv + \beta_2 Imr + \sum \beta Controls + \varepsilon \tag{8}$$

根据表6显示的结果，逆米尔斯比率（Imr）的回归系数为 -0.067，且不具有统计显著性，机构投资者类型（$Strainv$）的回归系数为 -0.035，并且在 1% 的水平上显著，说明样本不存在自选择偏误。因此，稳健性检验结果仍支持假设 H2 的实证结论。

表 6 Heckman 两阶段模型检验

变量	第一阶段 $Strainv$	第二阶段 $Absinv$
$Top1$	-0.012 *** (-3.13)	
$Balance$	-0.077 (-1.13)	
$Times$	-0.001 (-0.03)	
$Strainv$		-0.035 *** (-2.91)
Imr		-0.067 (-1.57)
$Constant$	-0.091 (-0.09)	1.054 *** (4.51)
样本量（个）	1543	1543
调整 R^2		0.089

（二）替代解释变量

为了检验假设 H1 结论的稳健性，本文用机构投资者认购比例（*Pro*）替代是否实施定向增发（*Treat2*）作为解释变量并对模型（1）进行重新回归（结果见表7）。从表7中可以发现，机构投资者认购比例（*Pro*）的回归系数为 −0.188，并且在 10% 的统计水平上显著，因此，假设 H1 的结论是稳健的。

表 7　机构投资者认购比例与投资效率

变量	*Absinv*	变量	*Absinv*
Pro	− 0. 188 * (− 1. 82)	*Tunnel*	− 1. 904 (− 1. 60)
Lev	0. 955 ** (2. 31)	*Adm*	− 0. 002 * (− 1. 95)
Roa	0. 572 *** (460. 14)	*Constant*	1. 687 ** (2. 56)
Grow	0. 048 (1. 27)	年度	控制
		行业	控制
Independ	0. 206 * (1. 91)	样本量（个）	2090
Dual	− 0. 008 (− 0. 65)	调整 R^2	0. 980
Size	− 0. 101 ** (− 2. 47)		

（三）替换被解释变量

为了进一步验证战略投资者的长期持股行为能够对上市公司投资效率起到促进作用，本文将被解释变量投资效率（*Absinv*）采用 $t+1$ 期并进行检验（结果见表8）。从表8中可以发现，机构投资者类型（*Strainv*）在全样本中的回归系数为 −0.005 并且在 10% 的统计水平上显著；而且机构投资者类型（*Strainv*）在国有组和非国有组的回归系数分别为 −0.011（5% 的统计水平显著）和 −0.001（不显著），所以战略投资者的长期作用得到了验证。

表 8　机构投资者类型与滞后期投资效率

变量	*Absinv2*		
	全样本	国有组	非国有组
Strainv	− 0. 005 * (− 1. 80)	− 0. 011 ** (− 2. 25)	− 0. 001 (− 0. 26)
Issuance	0. 000 * (1. 80)	0. 000 * (1. 79)	0. 000 (0. 64)

续表

变量	Absinv2		
	全样本	国有组	非国有组
Price	0.000 (1.00)	− 0.000 (− 0.86)	0.000 (1.45)
Discount	− 0.012 (− 1.49)	− 0.002 (− 0.22)	− 0.016 (− 1.45)
Lev	0.034 *** (2.82)	0.029 * (1.70)	0.041 ** (2.56)
Roa	0.064 (1.30)	0.095 (1.30)	0.054 (0.80)
Grow	− 0.001 (− 0.05)	− 0.018 (− 1.12)	0.020 (0.76)
Independ	0.044 (1.31)	− 0.009 (− 0.20)	0.054 (1.13)
Dual	0.008 ** (2.06)	0.015 * (1.67)	0.004 (0.81)
Size	0.002 (0.85)	0.003 (0.87)	0.001 (0.49)
Tunnel	− 0.123 ** (− 2.04)	− 0.024 (− 0.26)	− 0.247 *** (− 3.01)
Adm	− 0.007 (− 0.35)	0.029 (0.74)	− 0.005 (− 0.25)
Constant	− 0.026 (− 0.67)	− 0.034 (− 0.54)	− 0.026 (− 0.45)
年度	控制	控制	控制
行业	控制	控制	控制
样本量（个）	1507	608	899
调整 R^2	0.119	0.140	0.134

（四）扩展样本期间

为了减少样本期间选择所带来的显著性差异，本文在稳健性检验中扩充样本期间为 2006 ~ 2019 年，并采用模型（2）和模型（3）来进行验证（结果见表 9）。从表 9 中可以发现，机构投资者类型（Strainv）在全样本中的回归系数为 − 0.011 并且在 5% 的统计水平上显著；而且机构投资者类型（Strainv）在国有组和非国有组的回归系数分别为 − 0.014（5% 的统计水平显著）和 − 0.009（不显著），说明在扩展了样本期间之后依旧能够证明战略投资者在定向增发情景下对公司投资效率的促进效果。

表 9　机构投资者类型与投资效率（扩充样本）

变量	Absinv		
	全样本	国有组	非国有组
Strainv	−0.011 ** （−2.22）	−0.014 ** （−2.07）	−0.009 （−1.13）
Issuance	0.001 *** （11.63）	0.000 *** （3.80）	0.001 *** （6.73）
Price	0.000 （0.48）	−0.000 （−0.80）	0.001 * （1.73）
Discount	0.001 *** （5.58）	0.000 ** （2.17）	0.001 *** （4.39）
Lev	0.017 （1.07）	0.009 （0.29）	0.032 （1.24）
Roa	−0.024 （−0.23）	0.246 （1.03）	−0.153 （−1.11）
Grow	0.021 （0.49）	−0.075 （−0.66）	0.067 （1.18）
Independ	0.028 （0.66）	−0.006 （−0.12）	0.027 （0.43）
Dual	0.007 （1.40）	−0.001 （−0.13）	0.004 （0.57）
Size	−0.030 *** （−11.75）	−0.024 *** （−6.25）	−0.036 *** （−7.89）
Tunnel	0.312 *** （3.21）	0.267 * （1.72）	0.377 ** （2.23）
Adm	0.087 ** （2.10）	0.081 （0.86）	0.083 （1.45）
Constant	0.673 *** （10.17）	0.589 *** （6.87）	0.705 *** （7.08）
年度	控制	控制	控制
行业	控制	控制	控制
样本量(个)	1816	692	1124
调整 R^2	0.202	0.218	0.215

八、研究结论与政策建议

　　本文以定向增发引入具有锁定期的机构投资者为研究对象，基于机构投资者参与公司治理的视角，检验了认购定向增发公司股份的机构投资者对公司非效率投资治理的效果。实证研究结果表明，相比于非定向增发新股公司，定向增发新股公司引入机构投资者对公司投资效率有明显的促进作用，且在定向增发引入的不同类型机构投资者中，战略机构投资者对定向增发公司非效率投资的抑制效果更好，而财务投资者对定向增发公司非效率投资治理的效果不佳；进一步区分定向增发公司控股股东的股权性质后的检验结果表明，战略投资者对公司非效率投资治理的作用在国有控股上市公司中体现得更为明显。

本文的研究揭示了机构投资者对公司投资效率的影响及途径，进一步验证了机构投资者对公司非效率投资具有治理效应的结论，并揭示了认购定向增发股份锁定期更长的战略投资者对公司投资效率正面作用的途径。本文的研究不仅丰富了有关定向增发新股经济后果的研究，还从机构投资者异质性视角拓展了机构投资者对公司非效率投资治理的相关研究。因此，本文建议上市公司在定向增发过程中应着重引入战略投资者，并且可以通过完善董事会结构的方式提高公司治理水平。同时，本文也建议证券监管部门加强对战略投资者的支持，如在现有的区分关联和非关联投资者的基础上，进一步为战略投资者制定更为合理的退出机制，充分考虑战略投资者的参与方式和投资目标，进而为资本市场创造更为良好的融资环境。

参考文献

陈运森，谢德仁. 2011. 网络位置、独立董事治理与投资效率. 管理世界，7：113 - 127.

陈仲民. 2005. 机构投资者与公司治理结构. 吉林大学博士学位论文.

程新生，谭有超，刘建梅. 2012. 非财务信息、外部融资与投资效率——基于外部制度约束的研究. 管理世界，7：137 - 150 + 188.

杜晓荣，付晓月. 2017. 机构投资者持股、管理者过度自信与非效率投资. 财会通讯，9：99 - 102 + 129.

方红星，金玉娜. 2013. 公司治理、内部控制与非效率投资：理论分析与经验证据. 会计研究，7：63 - 69 + 97.

傅勇，谭松涛. 2008. 股权分置改革中的机构合谋与内幕交易. 金融研究，3：88 - 102.

郭磊，王震. 2012. 国有企业过度投资行为及其制约机制的实证研究——基于我国 A 股市场实证. 金融理论与实践，8：90 - 93.

郝云宏，汪茜. 2015. 混合所有制企业股权制衡机制研究——基于"鄂武商控制权之争"的案例解析. 中国工业经济，3：148 - 160.

何枫，陈荣. 2008. 公司治理及其管理层激励与公司效率——关于中国上市公司数个行业的实证研究. 管理科学学报，11（4）：142 - 152.

姜付秀，王运通，田园，吴恺. 2017. 多个大股东与企业融资约束——基于文本分析的经验证据. 管理世界，12：61 - 74.

姜付秀，张敏，陆正飞，陈才东. 2009. 管理者过度自信、企业扩张与财务困境. 经济研究，44
　　（1）：131 – 143.

李东升，王慧铭，苏琦. 2019. 机构投资者介入与控制权之争——基于万科控制权争夺的案例研究.
　　财会月刊，5：24 – 34.

李胜楠，吴泥锦，曾格凯茜，解延宏. 2015. 环境不确定性、高管权力与过度投资. 财贸研究，26
　　（4）：111 – 121.

李维安，姜涛. 2007. 公司治理与企业过度投资行为研究——来自中国上市公司的证据. 财贸经济，
　　12：56 – 61 + 141.

李维安，马超. 2014. "实业 + 金融"的产融结合模式与企业投资效率——基于中国上市公司控股金
　　融机构的研究. 金融研究，11：109 – 126.

李越冬，严青. 2017. 机构持股、终极产权与内部控制缺陷. 会计研究，5：85 – 91 + 99.

李增泉，孙铮，王志伟. 2004. "掏空"与所有权安排——来自我国上市公司大股东资金占用的经验
　　证据. 会计研究，12：3 – 13 + 97.

李争光，赵西卜，曹丰，卢晓璇. 2014. 机构投资者异质性与企业绩效——来自中国上市公司的经验
　　证据. 审计与经济研究，29（5）：77 – 87.

林树，陈浩. 2013. 机构投资者能提高公司业绩吗？——基于民营上市公司的经验研究. 山东社会科
　　学，10：101 – 105.

林毅夫，李志赟. 2004. 政策性负担、道德风险与预算软约束. 经济研究，2：17 – 27.

刘京军，徐浩萍. 2012. 机构投资者：长期投资者还是短期机会主义者？. 金融研究，9：141 – 154.

刘星，吴先聪. 2011. 机构投资者异质性、企业产权与公司绩效——基于股权分置改革前后的比较分
　　析. 中国管理科学，19（5）：182 – 192.

孟涛，焦捷，田园. 2015. 机构投资者治理作用与公司过度投资——基于内生性视角的重新审视. 清
　　华大学学报（自然科学版），55（4）：452 – 461.

潘琰，辛清泉. 2004. 所有权、公司治理结构与会计信息质量——基于契约理论的现实思考. 会计研
　　究，4：19 – 23.

宋常，刘司慧. 2010. 信息披露、机构投资者持股与上市公司过度投资. 商业研究，11：104 – 109.

唐雪松，周晓苏，马如静. 2007. 上市公司过度投资行为及其制约机制的实证研究. 会计研究，7：
　　44 – 52.

王春峰，刘珊珊，房振明. 2018. 内外部监督机制对上市公司财务欺诈有约束力吗？. 天津大学学报
　　（社会科学版），20（2）：97 – 104.

王珏，祝继高. 2015. 基金参与公司治理：行为逻辑与路径选择——基于上海家化和格力电器的案例
　　研究. 中国工业经济，5：135 – 147.

魏明海，黄琼宇，程敏英. 2013. 家族企业关联大股东的治理角色——基于关联交易的视角. 管理世
　　界，3：133 – 147 + 171 + 188.

魏明海，柳建华. 2007. 国企分红、治理因素与过度投资. 管理世界，4：88 – 95.

辛清泉，郑国坚，杨德明. 2007. 企业集团、政府控制与投资效率. 金融研究，10：123 – 142.

徐爱玲，陈金龙. 2017. 机构投资者持股能抑制过度投资吗——基于自由现金流中介效应的检验. 财

会月刊，18：3 – 10.

徐莉萍，辛宇，陈工孟. 2006. 股权集中度和股权制衡及其对公司经营绩效的影响. 经济研究，1：90 – 100.

杨海燕，孙健，韦德洪. 2012. 机构投资者独立性对代理成本的影响. 证券市场导报，1：25 – 30.

杨华军，胡奕明. 2007. 制度环境与自由现金流的过度投资. 管理世界，9：99 – 106 + 116 + 172.

杨兴全，张照南，吴昊旻. 2010. 治理环境、超额持有现金与过度投资——基于我国上市公司面板数据的分析. 南开管理评论，13（5）：61 – 69.

叶建芳，赵胜男，李丹蒙. 2012. 机构投资者的治理角色——过度投资视角. 证券市场导报，5：27 – 35.

俞红海，徐龙炳，陈百助. 2010. 终极控股股东控制权与自由现金流过度投资. 经济研究，45（8）：103 – 114.

曾庆生，陈信元. 2006. 国家控股、超额雇员与劳动力成本. 经济研究，5：74 – 86.

张敏，姜付秀. 2010. 机构投资者、企业产权与薪酬契约. 世界经济，33（8）：43 – 58.

张鸣，郭思永. 2009. 大股东控制下的定向增发和财富转移——来自中国上市公司的经验证据. 会计研究，5：78 – 86 + 97.

章卫东. 2010. 定向增发新股与盈余管理——来自中国证券市场的经验证据. 管理世界，1：54 – 63 + 73.

庄明明，梁权熙. 2021. 境外机构投资者能促进企业投资效率提升吗?. 世界经济研究，2：102 – 117 + 136.

Bebchuk, L. A. , A. Brav, & W. Jiang. 2015. The long-term effects of hedge fund activism. NBER Working Paper No. 21227.

Bertrand, M. , & S. Mullainathan. 2003. Enjoying the quiet life? Corporate governance and managerial preferences. *Journal of Political Economy*, 111: 1043 – 1075.

Black, B. S. 1997. Institutional investors and corporate governance: The case of institutional voice. *Journal of Applied Corporate Finance*, 5: 19 – 32.

Bradley, M. , & D. Chen. 2011. Corporate governance, credit condition, and the cost of debt. *SSRN Electronic Journal*, 65 (6): 145 – 165.

Brav, A. , W. Jiang, F. Partnoy, & R. Thomas. 2008. Hedge fund activism, corporate governance, and firm performance. *The Journal of Finance*, 63 (4): 1739 – 1775.

Brickley, J. A. , R. C. Lease, & C. W. Smith. 1988. Ownership structure and voting on antitakeover amendments. *Journal of Financial Economics*, 20: 267 – 291.

Burns, N. , S. Kedia, & M. Lipson. 2010. Institutional ownership and monitoring: Evidence from financial restatements. *Journal of Corporate Finance*, 16 (4): 443 – 455.

Bushee, B. J. 1998. The influence of institutional investor on myopic R&D investment behavior. *The Accounting Review*, 73 (3): 305 – 333.

Carleton, W. T. , J. M. Nelson, & M. S. Weisbach. 1998. The influence of institutions on corporate governance through private negotiations: Evidence from TIAA – CREF. *The Journal of Finance*, 53 (4): 1335 – 1362.

Chen, X. , J. Harford, & K. Li. 2007. Monitoring: Which institutions matter. *Journal of Financial Economics*, 2: 279 – 305

Chidambaran, N. , & K. John. 1997. An investigation of the performance of the U. S. property-liability insurance industry. *Journal of Risk & Insurance*, 64 (2): 371 – 382.

David, P. , & R. Kochhar. 1996. Barriers to corporate governance by institutional investors: Implications for theory and practice. *European Management Journal*, 14 (5): 457 – 466.

Fama, E. , & M. C. Jensen. 1983. Agency problems and residual claims. *Journal of Law and Economics*, 26 (2): 327 – 349.

Fazzari, S. , R. G. Hubbard, & B. C. Petersen. 1987. Financing constraints and corporate investment. NBER Working Papers.

Firth, M. , C. Lin, & H. Zou. 2010. Friend or foe? The role of state and mutual fund ownership in the split share structure reform in China. *Journal of Financial and Quantitative Analysis*, 45 (3): 685 – 706.

Gao, X. , J. R. Ritter, & Z. Zhu. 2013. Where have all the IPOs gone?. *Journal of Financial and Quantitative Analysis*, 48 (6): 1663 – 1692.

Gillan, S. L. , & T. Starks. 2000. Corporate governance proposals and shareholder activism: The role of institutional investors. *Journal of Financial Economics*, 57 (2): 275 – 305.

Gillan, S. L. , & T. Starks. 2007. The evolution of shareholder activism in the United States. *Journal of Applied Corporate Finance*, 57 (1): 55 – 73.

Graham, J. R. , C. R. Harvey, & S. Rajgopal. 2005. The economic implications of corporate financial reporting. *Journal of Accounting and Economics*, 40 (1 – 3): 3 – 73.

Graves, S. B. 1988. Institutional ownership and corporate R&D in the computer industry. *Academy of Management Journal*, 31 (2) : 417 – 428.

Graves, S. B. , & S. A. Waddock. 1990. Institutional ownership and control: Implications for long-term corporate strategy. *The Executive*, 4: 75 – 83.

Hadani, M. , M. Goranova, & R. Khan. 2011. Institutional investors, shareholder activism, and earnings management. *Journal of Business Research*, 64 (12): 1352 – 1360.

Hertzel, M. , & R. L. Smith. 1993. Market discounts and shareholder gains for placing equity privately. *The Journal of Finance*, 48 (2): 56 – 65.

Jensen, M. C. 1976. Theory of the firm: Managerial behavior, agency costs and ownership structure. *Journal of Financial Economics*, 3: 305 – 360.

Jensen, M. C. 1986. The agency costs of free cash flow, corporate finance and takeovers. *The American Economic Review*, 76: 323 – 329.

Jensen, M. C. 1993. The modern industrial revolution, exit, and the failure of internal control systems. *The Journal of Finance*, 48: 831 – 880.

Johnson, S. , P. Boone, A. Breach, & E. Friedman. 2000. Corporate governance in the Asian financial crisis: 1997 – 1998. *Journal of Financial Economics*, 58: 141 – 186.

Kahn, C. , & A. Winton. 1998. Ownership structure, speculation, and shareholder intervention. *The Journal of Finance*, 53 (1): 99 – 129.

Khan, A. , A. Qayyum, & S. Sheikh. 2005. Financial development and economic growth: The case of Pakistan. *The Pakistan Development Review*, 44 (2): 819 – 837.

Koh, P. 2007. Institutional investor type, earnings management and benchmark beaters. *Journal of Accounting and Public Policy*, 26 (3): 267 – 299.

Korczak, P. , & A. Tavakkol. 2004. Institutional investors and the information content of earnings announcements: The case of Poland. *Economic Systems*, 28 (2): 192 – 208.

Lin, J. Y. , & G. Tan. 1999. Policy burdens, accountability, and soft budget constraint. *The American Economic Review*, 89: 426 – 431.

Mccahery, J. A. , Z. Sautner, & L. T. Starks. 2016. Behind the scenes: The corporate governance preferences of institutional investors. *The Journal of Finance*, 71 (6): 2905 – 2932.

Modigliani, F. , & M. H. Miller. 1959. The cost of capital, corporation finance and the theory of investment. *The American Economic Review*, 49 (4): 655 – 669.

Murphy, K. , & K. van Nuys. 1994. State pension funds and shareholder inactivism. Working Paper, Harvard University.

Myers, S. C. , & N. S. Majluf. 1984. Corporate financing and investment decisions when firms have information that investors do not have. *Journal of Financial Economics*, 13 (2): 187 – 221.

Panousi, V. , & D. Papanikolaou. 2012. Investment, idiosyncratic risk, and ownership. *The Journal of Finance*, 67 (3): 1113 – 1148.

Parrino, R. , R. Sias, & T. S. Laura. 2003. Voting with their feet: Institutional ownership changes around forced CEO turnover. *Journal of Financial Economics*, 68: 3 – 46.

Richardson, S. 2006. Over-investment of free cash flow. *Review of Accounting Studies*, 11 (2 – 3): 159 – 189.

Ross, S. A. 1973. The economic theory of agency: The principal's problem. *The American Economic Review*, 63 (2): 134 – 139.

Schmidt, C. , & R. Fahlenbrach. 2017. Do exogenous changes in passive institutional ownership affect corporate governance and firm value?. *Journal of Financial Economics*, 124 (2): 285 – 306.

Shleifer, A. , & R. Vishny. 1986. Large shareholders and corporate control. *Journal of Political Economy*, 3: 461 – 488.

Stulz, R. M. 1990. Managerial discretion and optimal financing policies. *Journal of Financial Economics*, 26 (1): 3 – 28.

Waddock, S. A. , & S. B. Graves. 2002. Responsibility: The new business imperative. *Academy of Management Executive*, 16 (2): 132 – 148.

Webb, R. , M. Beck, & R. Mckinnon 2003. Problems and limitations of institutional investor participation in corporate governance. *Corporate Governance: An International Review*, 11 (1): 65 – 73.

Wruck, K. H. 1989. Equity ownership concentration and firm value: Evidence from private equity financings. *Journal of Financial Economics*, 25: 71 – 78.

Zeng, Y. , Q. Yuan, & J. Zhang. 2011. Dark side of institutional shareholder activism in emerging markets: Evidence from China's split share structure reform. *Asia-Pacific Journal of Financial Studies*, 40 (2): 240 – 260.

第 20 卷　第 1 辑　2021 年　会　计　论　坛

Institutional Investors and Investment Efficiency:

Empirical Evidence from A-share Private Placement Companies in Shenzhen and Shanghai Stock Exchange

Weidong Zhang, Yulong Wang, Xiang Yan, Xi Luo

Abstract: According to the private placement statistics of listed companies in China from 2005 to 2016, based on the heterogeneous perspectives of institutional investors, this article evaluates the effect of introducing institutional investors through private placements on the listed companies' investment efficiencies. In addition, from two dimensions, private placement institutional investors are being categorized into "affiliated investors" and "strategic investors", in order to examine the mechanisms and effects that institutional investors impose on the investment efficiency. The research has shown that comparing to normal institutional investors, the institutional investors of private placement has higher facilitation on the company's investment efficiency, this effect has majorly been demonstrated in strategic investors. Further research has also suggested that when the listed companies are state-owned, the positive facilitation by institutional investors becomes more evident. This article offers empirical evidence for the governance effect of institutional investors and the improvement of investment efficiency in companies, meanwhile providing referential information for China in promoting the development of institutional investors.

Keywords: Private Placement; Institutional Investors; Investment Efficiency

第 20 卷，第 1 辑，2021 年

Vol. 20，No. 1，2021

会 计 论 坛

Accounting Forum

供应商集中度变化对商业信用和银行信贷结构转换的影响*

章铁生　彭　丽　张承吉

【摘　要】本文以 2007～2019 年沪深 A 股制造业上市公司为研究对象，实证检验了在不同的供应商集中度水平下，供应商集中度的动态变化对商业信用和银行信贷结构转换的影响。研究结果表明：在供应商集中度提高的情形下，伴随供应商集中度从较低、适中到较高的水平变化，商业信用与银行信贷呈现由互补到替代再到互补的结构转换；在供应商集中度降低的情形下，伴随供应商集中度从较低、适中到较高的水平变化，商业信用与银行信贷呈现替代、替代到互补的结构转换。本文研究从供应商集中度的动态变化视角，探讨了供应商集中度影响商业信用和银行信贷结构转换的作用机理，拓展和深化了供应商关系以及商业信用与银行信贷互动关系的研究，对企业适时调整融资决策具有指导价值。

【关键词】供应商集中度；银行信贷；商业信用

收稿日期： 2020 - 07 - 10

基金项目： 国家社会科学基金项目（19BJY021）

作者简介： 章铁生，男，安徽工业大学商学院教授，ahutzts@163.com；彭丽，女，安徽工业大学商学院硕士研究生；张承吉，男，安徽工业大学商学院硕士研究生。

＊ 作者感谢匿名评审专家对本文的宝贵意见，但文责自负。

一、引言

　　商业信用和银行信贷作为企业持续经营中不可或缺的债务性融资，对企业的健康发展有着重要的作用。关于商业信用和银行信贷相互关系的研究主要集中于融资动机、经济后果及影响因素等方面。在融资动机方面，学者们主要从替代性融资理论和互补性融资理论两方面探讨。替代性融资理论认为，供应商具有融资比较优势，当客户出现融资困难时，会提供商业信用作为银行信贷的有益补充（Petersen and Rajan，1997；谭伟强，2006）；而互补性融资理论认为，商业信用与银行信贷之间是一种相互补充的关系，企业获得的商业信用越多，越能传递出一种积极的信号，从而越有利于企业获得银行信贷（Kling，Paul and Gonis，2014；吴娜和于博，2017）。在经济后果方面，学者们主要从投资效率（Aktas，Bodt and Lobez et al.，2012；黄兴孪、邓路和曲悠，2016；唐炳南、刘东皇和樊士德，2018）、融资约束（Allen，Qian and Qian，2005；石晓军和张顺明，2010；李振东和马超，2019）和审计意见（Niemi and Sundgren，2012；胡苏，2018；朱文莉和白俊雅，2018）等方面研究商业信用和银行信贷的关系演变。在影响因素方面，学者们分别从微观和宏观层面探讨。在微观上主要集中于企业地位（Giannetti，Burkart and Ellingsen，2011；张新民、王珏和祝继高，2012；邬丹和罗焰，2014）、企业规模（李斌和江伟，2006；赵宇翔，2008）、企业生命周期（袁卫秋、张宇华和王海姣，2017；魏群，2018）、政企关联（包婵静和张兴亮，2015；戴俊和屈迟文，2018）等方面；而在宏观上主要集中于货币政策（饶品贵和姜国华，2013）、经济不确定性（王化成、刘欢和高升好，2016；王满、黄波和于浩洋，2017）和金融发展（余明桂和潘红波，2010；江伟和曾业勤，2013）等因素。综上可见，相关研究成果较为丰富，但主要基于静态视角研究二者的关系，鲜有文献从动态变化视角研究商业信用和银行信贷的结构转换。

　　供应商作为企业重要的利益相关者，一方面直接影响企业商业信用的获取规模；另一方面，它作为一种特殊的社会资本，间接影响银行等外部利益相关者对企业经营业绩及风险的判断（王迪、刘祖基和赵泽朋，2016）。已有文献主要研究了供应商集中度对商业信用（李任斯和刘红霞，2016；孙兰兰、翟士运和王竹泉，2017）或银行信贷（王迪、刘祖基和赵泽朋，2016）的影响，近年来也有研究将二者结合起来探讨了供应商集中度对商业信用与银行信贷之间结构转换的影响（章铁生和李瑶瑶，2019），但是从静态视角进行的，从动态视角考虑供应商集中度的变化对商业信用与银行信贷互动关系的影响尚未有文献涉及。基于此，本文以供应商集中度的动态变化为切入点，探索在不同的供应商集中度水平下，供应商集中度的变化对商业信用和银行信贷结构转换的影响。

本文以中国沪深 A 股制造业上市公司为研究对象，通过回归检验，研究了上市公司银行信贷和商业信用变化的相对关系，以及这个相对关系在供应商集中度不同变化方向下的差异。本文可能的贡献在于以下两点。第一，从动态视角考察了在不同的供应商集中度水平下，供应商集中度的变化对商业信用和银行信贷两者的增量结构转换的影响，拓展了供应商集中度的相关研究。第二，就企业运营实践看，企业与供应商的交易是持续的，商业信用与银行信贷融资是动态的，企业运营和融资决策调整也是边际上的，本文结合供应商集中度的变化，探索在不同的供应商集中度水平下商业信用和银行信贷的结构转换，实践指导价值更强，深化了商业信用和银行信贷互动关系的研究。

二、理论分析与研究假设

随着市场竞争的日益激烈，企业越发重视与少数核心交易伙伴建立合作关系（李艳平，2017），供应商对企业经营活动的影响依赖彼此间交往的紧密程度（Schumacher，1991），供应商集中作为建立合作关系的重要途径，对于企业而言，既存在合作效应也存在风险效应。从合作效应角度讲，交易过程的不断进行有利于上下游企业之间进行信息共享，降低交易双方的信息不对称程度，帮助企业进行采购和存货管理（Balakrishnan，Linsmeier and Venkatachalam，1996），进而影响企业获取的商业信用和银行信贷。从风险效应角度讲，双方对交易依赖程度的不对称，会给予依赖程度更小的一方更强的谈判能力（Touboulic，Chicksand and Walker，2014），对供应商的过度信任也会降低企业对供应商的监督水平，同时企业需要投入更多的专用性资产来维持交易关系（Titman and Wessels，1988），这些会影响企业对商业信用的获取和银行信贷的使用。企业与主要供应商的关系不是固定不变的，企业可能通过增加或减少采购交易来改变彼此间的合作效应和风险效应，对商业信用和银行信贷的获取相应地也呈现不同的结构变化。

一方面，分析供应商集中度提高的情形。首先，对于供应商集中度较低的企业，随着从主要供应商处采购比例的增加，企业通过购买商品支付价格的关系型投资增加，彼此间的交往程度加深，此时合作效应占据主导地位，风险效应较弱。在激烈的市场竞争中，理性的供应商为了吸引客户更进一步增加关系型投资并建立长期交往的合作关系，增强客户的锁定效应（况学文、林鹤和陈志锋，2019），获取更多稳固的市场份额，出于自身利益考虑，愿意提供更多的商业信用进一步维持双方关系（孙兰兰、翟士运和王竹泉，2017）。同时，由于企业由零散的供应商采购逐步向集中采购转变，合作效应的增强降低了供应链的复杂程度，企业采购交易更为稳定，有利于企业降低交易成本和经营风险，提高经营效率和经营业绩，增强企业获取银行信贷的能力（李振东和马超，2019）。因此，对于供应商集中度较低的企业，供应商集中度的提高带来合作效应的增强使得企业商业信用和银行信贷增加，二者为互补关系。

其次，对于供应商集中度较为适中的企业，随着企业从主要供应商处采购交易的增多，彼此间的沟通和合作会更加密切，从而有助于降低企业采购活动中的不确定性，提高经营的稳定性，并且易于供应商与企业之间的资源整合，能为双方带来更多的关系租金（Dyer and Singh，1998），合作效应继续增强，供应商出于自身利益考虑愿意提供更多的商业信用以进一步强化双方关系。同时，随着企业对主要供应商依赖程度的提高，双方合作程度的加深也伴随着风险的集聚，由于银行相对供应商处于信息劣势（Petersen and Rajan，1997），对风险效应的规避意愿更强，银行信贷可能会出现下降的趋势。因此，对于供应商集中度较为适中的企业，供应商和银行对供应商集中度提高的合作效应和风险效应感知和应对不同使得企业获得的商业信用增加、银行信贷减少，二者为替代关系。

最后，对于供应商集中度本身就较高的企业，在与主要供应商的日常交往中往往处于劣势地位，随着企业采购比例的进一步增加，企业更加依赖相关供应商，风险效应进一步增强并越来越占据主导地位，此时在商业博弈中，主要供应商的话语权越来越大，为了自身利益最大化，主要供应商具有强烈的动机减少商业信用的提供，使得企业获取商业信用的能力下降（马黎珺、张敏和伊志宏，2016）。同时，随着企业向主要供应商采购比例的增加，企业经营风险的管控难度增大（Suutari，2000），进而影响企业的经营稳定，导致企业声誉可能受损（林钟高、丁茂桓和常青，2018）。银行在发放贷款的时候会考虑借款人的声誉和风险，声誉受损和风险增加会导致企业获取银行信贷融资减少（叶康涛、张然和徐浩萍，2010）。因此，对于供应商集中度较高的企业，由于风险效应的不断增强，供应商集中度的进一步提高会使得企业获取的商业信用和银行信贷减少，二者为互补关系。基于此，本文提出假设：

　　H1：给定其他条件不变，在供应商集中度提高的情形下，供应商集中度较低、适中和较高时，商业信用与银行信贷分别呈现同时增加的互补关系、商业信用增加银行信贷减少的替代关系和同时减少的互补关系。

另一方面，考虑供应商集中度降低的情形。首先，对于供应商集中度本身就较低的企业，从主要供应商处采购比例的降低，使得企业整体供应体系更为分散，供应链管理更为复杂，合作效应减弱，在以关系交易为常态的交易模式下，会带来交易的不确定性，交易成本增加，难以形成规模经济，不利于企业生产经营的稳定进行（唐跃军，2009），从而影响企业的银行信贷获取能力。同时，随着企业从供应商处采购比例的降低，企业原料供应更为分散，单个供应商对企业产生的影响变小，企业能够保持相对主导地位，议价能力增强（王延飞，2010），在激烈的买方市场中，企业处于强势地位，企业更换供应商的成本低，为了避免被替换的风险，供应商为增强合作效应从而有动机提供更多商业信用（朱文莉和白俊雅，2018）。因此，对于供应商集中度较低的企业而言，供应商集中度降低时，企业获取的商业信用增加，银行信贷减少，二者为替代关系。

其次，对于供应商集中度较为适中的企业，随着企业从主要供应商处采购比例的降低，企业与供应商之间进一步合作的意愿减弱，彼此间相互依赖程度下降，合作效应减弱。企业通过购买原材料持续投入的关系型资产减少，供应商面临失去稳定市场份额的风险，在企业与供应商议价能力相当、企业未过度依赖供应商的情况下，为了防止客户的持续流失，增强合作效应，供应商很可能会提供更多的商业信用维持客户，企业则会乐于获得更多商业信用（石晓军和张顺明，2010）。由于企业与供应商关系的稳定性减弱，合作效应不断减弱，影响银行等外部利益相关者对企业经营业绩的平稳预期（王迪、刘祖基和赵泽朋，2016），从而在一定程度上影响企业的银行借款。因此，适度的供应商集中度下，供应商集中度的降低使得企业获取的商业信用增加，银行信贷减少，二者之间也为替代关系。

最后，对于供应商集中度较高的企业，随着企业从主要供应商处采购比例的降低，合作效应不断减弱，风险效应不断增强。一方面，由于企业前期专有性投资多，面临的转化成本高和套牢风险大，企业经营的稳定性很大程度上受到主要供应商的影响（李艳平，2017），企业降低采购比例导致企业经营风险增大，增强银行对企业违约风险的意识，减少对企业的信贷。同时，由于企业与主要供应商长期的交易往来，形成了较为亲密的关系网络，主要供应商掌握的企业私有信息多（Williamson，1979），企业采购比例的降低，一定程度上反映了企业经营的情况，如果企业的经营状况存在问题，相关的采购交易可能难以维持。在我国制造业总体产能过剩的大背景下，供应商重新寻找客户的成本高（Love，Preve and Sarria-Allende，2007；Fabbri and Klapper，2008），一旦客户流失，供应商不仅会失去稳定的市场份额，还可能会导致大量坏账损失（鲍群和赵秀云，2015），主要供应商出于交易的谨慎性考虑会减少向企业提供的商业信用。因此，较高的供应商集中度下，供应商集中度的降低使得企业获得的商业信用和银行信贷同时减少，二者为互补关系。基于此，本文提出假设：

H2：给定其他条件不变，在供应商集中度降低的情形下，供应商集中度较低和适中时，商业信用与银行信贷呈现商业信用增加银行信贷减少的替代关系，供应商集中度较高时，商业信用与银行信贷呈现商业信用和银行信贷同时减少的互补关系。

三、研究设计

（一）样本选择

由于我国新的会计准则从 2007 年开始执行，因此，本文以 2007～2019 年沪深 A 股制造业上市公司为初始样本进行实证分析。为保证数据的稳定性，进行了如下的处理：（1）剔除了 ST、*ST 公司样本；（2）剔除了金融保险业公司样本；（3）剔除了供应商集中度及其他变量数据缺失的公司样本。最终获得 13627 个样本数据。其中，供应商集中度数据源于人工收集并与国泰安（CSMAR）数据库做了校对，其他数据源于国泰安（CSMAR）数据库。为了消除极端值对研究结果可能产生的影响，本文对连续变量进行了 1% 的 Winsorize 处理。实证分析部分利用 Stata 16 软件进行数据处理。

（二）变量选取及界定

（1）银行信贷变化（$\Delta Bank$）。本文主要探讨的是商业信用与银行信贷的结构转换，为了保持口径一致，采用短期借款来衡量银行信贷。同时，为了反映企业经营活动中资金的流动性，参考饶品贵和姜国华（2013）、吴娜和于博（2017）的方法，对银行信贷采用当期营业收入做标准化处理，并采用 $Bank_t$ 与 $Bank_{t-1}$ 的差值来表示企业当年的银行信贷变化。

（2）商业信用变化（ΔAp）。借鉴饶品贵和姜国华（2013）、吴娜和于博（2017）的做法，采用（应付账款＋应付票据）/营业收入来度量企业获得的商业信用，同时为了反映当年商业信用的变化，采用 Ap_t 与 Ap_{t-1} 的差值表示。

（3）供应商集中度变化（$\Delta Sup5$）。供应商集中度借鉴林钟高、郑军和彭琳（2014）以及孙兰兰、翟士运和王竹泉（2017）的做法，使用"前五大供应商采购比例合计"来度量，并采用 $Sup5_t$ 与 $Sup5_{t-1}$ 的差值来表示供应商集中度的变化。

（4）控制变量。借鉴 Patatoukas（2012）以及江伟、底璐璐和彭晨（2017）等控制存货周转率变化（$\Delta Invover$）、银行存款准备金率变化（ΔDf）、独立董事比例变化（$\Delta Indep$）、成长能力变化（$\Delta Growth$）、现金流量变化（ΔCfo）、公司年限（Age）、公司规模变化（$\Delta Size$）、资产有形性变化（$\Delta Tangible$）、现金持有水平变化（$\Delta Cash$）、客户集中度变化（$\Delta Cus5$）、第一大股东持股比变化（$\Delta Top1$）、产权性质（$State$）、与供应商关联交易的变化（ΔRT_S）、与客户关联交易的变化（ΔRT_C）、总资产净利率变化（ΔRoa）和市场化进程变化（$\Delta Market$）等多个因素对商业信用和银行信贷的影响。其中，市场化进程指标参考王小鲁、樊纲和胡李鹏（2019）公布的《中国分省份市场化指数报告（2018）》，对相关年份缺失的市场化指数，参考郭桂花、池玉莲和宋晴（2014）的相关研究，采取平均法计算，并用 $Market_t$ 与 $Market_{t-1}$ 的差值表示市场化进程变化。

具体变量定义见表 1。

表 1 变量定义

变量名称	变量符号	变量定义
银行信贷变化	$\Delta Bank$	第 t 年与第 $t-1$ 年的短期借款/营业收入的变化
商业信用变化	ΔAp	第 t 年与第 $t-1$ 年的（应付账款 + 应付票据）/营业收入的变化
供应商集中度变化	$\Delta Sup5$	第 t 年与第 $t-1$ 年的前五大供应商采购比例合计的变化
存货周转率变化	$\Delta Invover$	第 t 年与第 $t-1$ 年的营业收入与存货平均余额的比值变化
银行存款准备金率变化	ΔDf	第 t 年与第 $t-1$ 年的银行存款准备金率变化
独立董事比例变化	$\Delta Indep$	第 t 年与第 $t-1$ 年的独立董事占董事人数的比例变化
成长能力变化	$\Delta Growth$	第 t 年与第 $t-1$ 年的（本年营业收入 – 上年营业收入）/上年营业收入的变化
现金流量变化	ΔCfo	第 t 年与第 $t-1$ 年的经营活动现金流量净额/总资产的变化
公司年限	Age	公司上市年数的自然对数
公司规模变化	$\Delta Size$	第 t 年与第 $t-1$ 年的年末总资产的自然对数变化
资产有形性变化	$\Delta Tangible$	第 t 年与第 $t-1$ 年的（固定资产净额 + 存货净额）/总资产的变化
现金持有水平变化	$\Delta Cash$	第 t 年与第 $t-1$ 年的货币资金占总资产的比例变化
客户集中度变化	$\Delta Cus5$	第 t 年与第 $t-1$ 年的前五大客户销售比例合计的变化
第一大股东持股比变化	$\Delta Top1$	第 t 年与第 $t-1$ 年的第一大股东持股数与总股数的比例变化
产权性质	$State$	若公司控股股东为国有性质，取值为 1，否则为 0
与供应商关联交易的变化	ΔRT_S	第 t 年与第 $t-1$ 年的与供应商进行关联交易的总额/营业收入的变化
与客户关联交易的变化	ΔRT_C	第 t 年与第 $t-1$ 年的同客户进行关联交易的总额/营业收入的变化
总资产净利率变化	ΔRoa	第 t 年与第 $t-1$ 年的净利润/期末总资产的变化
市场化进程变化	$\Delta Market$	取自《中国分省份市场化指数报告（2018）》，并采用第 t 年与第 $t-1$ 年市场化指数之差表示市场化进程的变化
年份	$Year$	年份虚拟变量
行业	Ind	行业虚拟变量，根据证监会 2012 年发布的行业二级分类标准进行分类

（三）模型设定

借鉴 Patatoukas（2012）以及江伟、底璐璐和彭晨（2017）等采用变化模型（Change Model）来检验在不同的供应商集中度水平下，供应商集中度的动态变化对商业信用和银行信贷结构转换的影响。为了检验假设 H1 和假设 H2，本文首先计算出 $Sup5_t$ 与 $Sup5_{t-1}$ 的差值，按照 $\Delta Sup5_t$ 为非负值（供应商集中度提高的情形）和负值（供应商集中度降低的情形）将样本分为两组。考虑到行业之间供应商集中度的差异性，本文分行业按照上一年末（基期）供应商集中度水平由低到高排序将样本分为较低、适中、较高三组，在此基础上进行分组回归，检验不同的供应商集中度水平下供应商集中度的动态变化所带来的商业信用和银行信贷两者的变化关系，建立的基础模型如下：

$$\Delta Bank_{i,t} = \beta_0 + \beta_1 \Delta Ap_{i,t} + \sum \beta_n Controls_{i,t} + \sum Year_{i,t} + \sum Ind_{i,t} + \xi_{i,t} \tag{1}$$

四、实证结果与分析

（一）描述性统计

表 2 所示是主要变量的描述性统计结果。从表 2 可知，企业的银行信贷变化均值为 0.0040，最大值为 0.5450，最小值为 -0.5370，标准差为 0.1410，标准差较大说明不同企业之间银行信贷变化差异明显。商业信用变化的均值为 0.0080，最大值为 0.3600，最小值为 -0.3130，标准差为 0.0900，表明不同企业的商业信用变化差别也比较大。同时，供应商集中度变化的均值为 -0.0060，最大值为 0.2590，最小值为 -0.2620，标准差为 0.1000，表明不同企业的供应商集中度变化存在差异，这为本文研究供应商集中度的动态变化对商业信用和银行信贷结构转换的影响提供了一个很好的契机。

表 2　描述性统计

变量	均值	标准差	最小值	中位数	最大值
$\Delta Bank$	0.0040	0.1410	-0.5370	0.0000	0.5450
ΔAp	0.0080	0.0900	-0.3130	0.0030	0.3600
$\Delta Sup5$	-0.0060	0.1000	-0.2620	-0.0060	0.2590
$Sup5$	0.3380	0.1860	0.0580	0.2960	0.8940
$\Delta Invover$	-0.0390	1.8100	-6.9820	-0.0450	7.3930
ΔDf	0.1090	0.3340	-0.4950	0.0410	1.9200
$\Delta Indep$	0.0020	0.0330	-0.1110	0.0000	0.1210
$\Delta Growth$	0.0000	0.5570	-2.4540	-0.0040	2.3980
ΔCfo	0.0020	0.0720	-0.2110	0.0020	0.2190
Age	1.7130	0.8720	0.0000	1.7920	3.1780
$\Delta Size$	0.1420	0.2330	-0.3250	0.0940	1.2590
$\Delta Tangible$	-0.0010	0.0760	-0.2480	-0.0020	0.2410
$\Delta Cash$	-0.0170	0.0870	-0.2940	-0.0100	0.2510
$\Delta Cus5$	-0.0030	0.0870	-0.3060	-0.0030	0.3050
$\Delta Top1$	-0.7180	3.0360	-15.1400	0.0000	10.4780
$State$	0.3170	0.4650	0.0000	0.0000	1.0000
ΔRT_S	0.0030	0.0270	-0.0900	0.0000	0.1820
ΔRT_C	0.0030	0.0350	-0.1280	0.0000	0.2240
ΔRoa	-0.0050	0.0510	-0.2230	-0.0020	0.2060
$\Delta Market$	0.2070	0.6670	-2.6900	0.3300	1.3830

（二）相关性分析

表3为研究变量的相关性分析表。从表3可知，商业信用变化与银行信贷变化在1%的水平上显著正相关，说明在二者之间总体上存在同增同减的变化趋势，即互补关系。供应商集中度变化与银行信贷变化之间呈显著的负相关关系，即随着供应商集中度的上升或下降，银行信贷呈现下降或上升的变化趋势。供应商集中度变化与商业信用变化之间呈负相关关系，但不显著，说明供应商集中度对商业信用的影响可能还受到其他相关因素的干扰。

表3 研究变量的相关性分析

变量	$\Delta Bank$	ΔAp	$\Delta Sup5$
$\Delta Bank$	1	0.163 ***	− 0.044 ***
ΔAp	0.227 ***	1	− 0.016 *
$\Delta Sup5$	− 0.046 ***	− 0.014	1

注：***、**、* 分别表示在1%、5%、10%的水平上显著，下文同。

（三）实证检验与结果分析

为了检验不同的供应商集中度水平下，供应商集中度的动态变化对商业信用和银行信贷结构转换的影响，根据前文设定的模型，区分供应商集中度提高和降低两种情形，并按供应商集中度较低、适中、较高三组进行分组检验，回归结果如表4所示。

表4 供应商集中度的变化对商业信用和银行信贷结构转换影响的回归结果

变量	供应商集中度提高的情形			供应商集中度降低的情形		
	供应商集中度较低	供应商集中度适中	供应商集中度较高	供应商集中度较低	供应商集中度适中	供应商集中度较高
ΔAp	0.1247 *** (3.41)	− 0.1058 *** (− 3.23)	0.1066 *** (2.92)	− 0.0730 ** (− 2.15)	− 0.0843 *** (− 2.68)	0.2404 *** (7.07)
$\Delta Invover$	− 0.0063 *** (− 2.96)	− 0.0026 (− 1.42)	− 0.0028 (− 1.56)	− 0.0046 *** (− 2.65)	− 0.0050 *** (− 2.92)	− 0.0062 *** (− 4.20)
ΔDf	− 0.1327 *** (− 10.50)	− 0.1255 *** (− 11.34)	− 0.1419 *** (− 11.05)	− 0.1503 *** (− 13.04)	− 0.1642 *** (− 15.61)	− 0.0751 *** (− 7.06)
$\Delta Indep$	− 0.0003 (− 0.00)	0.1454 * (1.81)	0.0563 (0.64)	− 0.0606 (− 0.94)	0.1714 ** (2.31)	− 0.0221 (− 0.25)
$\Delta Growth$	− 0.0145 *** (− 2.64)	− 0.0096 ** (− 2.11)	− 0.0021 (− 0.39)	− 0.0180 *** (− 3.85)	− 0.0046 (− 1.04)	− 0.0070 (− 1.46)

续表

变 量	供应商集中度提高的情形			供应商集中度降低的情形		
	供应商集中度较低	供应商集中度适中	供应商集中度较高	供应商集中度较低	供应商集中度适中	供应商集中度较高
ΔCfo	-0.2202*** (-4.90)	-0.2524*** (-6.44)	-0.1553*** (-3.89)	-0.1845*** (-5.02)	-0.2891*** (-7.54)	-0.1561*** (-4.10)
Age	0.0057 (1.62)	-0.0007 (-0.20)	0.0019 (0.47)	0.0040 (1.43)	-0.0045 (-1.35)	-0.0043 (-1.09)
$\Delta Size$	0.1215*** (6.67)	0.1671*** (10.17)	0.1910*** (10.12)	0.1402*** (9.66)	0.1651*** (11.66)	0.1005*** (6.57)
$\Delta Tangible$	0.0210 (0.44)	0.0005 (0.01)	0.0649 (1.48)	-0.0739* (-1.86)	-0.0307 (-0.83)	0.0329 (0.82)
$\Delta Cash$	-0.1217*** (-2.82)	0.0346 (1.06)	-0.1252*** (-3.28)	0.0969*** (2.98)	0.0766** (2.44)	-0.0620* (-1.74)
$\Delta Cus5$	0.0225 (0.68)	-0.0654** (-2.27)	-0.0245 (-0.70)	0.0896*** (3.11)	-0.0187 (-0.62)	-0.0706** (-2.26)
$\Delta Top1$	0.0014 (1.50)	-0.0012 (-1.34)	0.0023** (2.04)	0.0013* (1.69)	0.0002 (0.28)	0.0022** (2.44)
$State$	0.0098 (1.59)	-0.0068 (-1.10)	0.0061 (0.82)	0.0003 (0.05)	-0.0066 (-1.12)	-0.0159** (-2.18)
ΔRT_S	-0.1921 (-1.51)	0.2242** (2.25)	0.0180 (0.20)	-0.0573 (-0.44)	0.1532 (1.42)	0.0524 (0.54)
ΔRT_C	-0.1315 (-1.54)	-0.0071 (-0.09)	-0.0404 (-0.51)	-0.0034 (-0.05)	-0.1044 (-1.37)	-0.0919 (-1.12)
ΔRoa	-0.2971*** (-4.76)	-0.0654 (-1.20)	-0.2604*** (-4.76)	-0.0827 (-1.36)	-0.0516 (-0.96)	-0.2469*** (-4.41)
$\Delta Market$	-0.0041 (-0.59)	-0.0089 (-1.35)	-0.0024 (-0.29)	0.0112** (2.11)	-0.0060 (-0.87)	0.0072 (0.89)
行业/年份	控制	控制	控制	控制	控制	控制
常数项	-0.0376** (-2.25)	0.0004 (0.02)	-0.0175 (-0.92)	-0.0287** (-1.98)	0.0168 (0.95)	-0.0097 (-0.50)
样本量（个）	2032	2037	2042	2391	2391	2379
调整 R^2	0.1776	0.3106	0.1698	0.3183	0.3340	0.1541

注：表中所有括号内 t 值都经过异方差检验调整，下文同。

　　从表 4 可知，在供应商集中度提高的情形中，供应商集中度较低的情况下，商业信用变化的回归系数为 0.1247，在 1% 的水平上显著，商业信用增加，银行信贷也增加，二者为互补关系；而在供应商集中度适中的情况下，商业信用变化的回归系数为 - 0.1058，在 1% 的水平上显著，商业信用增加，银行信贷减少，二者为替代关系；在供应商集中度较高的情况下，商业信用变化的回归系数为 0.1066，在 1% 的水平上显著，商业信用减少，银行信贷也减少，二者为互补关系。综上所言，在供应商集中度提高的情形下，商业信用与银行信贷随着供应商集中度水平从较低、适中到较高呈现由互补到替代再到互补的结构转换，故假设 H1 成立。

从表 4 可知，在供应商集中度降低的情形中，供应商集中度较低的情况下，商业信用变化的回归系数为 - 0.0730，在 5% 的水平上显著，商业信用增加，银行信贷减少，二者为替代关系；在供应商集中度适中的情况下，商业信用变化的回归系数也显著为负（ - 0.0843），商业信用增加，银行信贷减少，二者仍为替代关系；在供应商集中度较高的情况下，商业信用变化的回归系数为 0.2404，在 1% 的水平上显著，商业信用减少，银行信贷也会减少，二者为互补关系。综上所言，在供应商集中度降低的情形下，商业信用与银行信贷随着供应商集中度水平从较低、适中到较高呈现替代、替代到互补的结构转换，故假设 H2 成立。

五、稳健性检验

为了验证研究结果的稳健性，本文进行以下稳健性检验。（1）用总借款即（短期借款 + 长期借款）/营业收入作为银行信贷的代理变量，重新对本文的假设 H1、假设 H2 进行多元回归检验，具体的实证结果见表 5，基本结果不变。（2）用（应付账款 + 应付票据）/营业成本作为商业信用的代理变量，重新检验本文的假设 H1、假设 H2，具体结果如表 6 所示，基本结果不变。（3）参考饶品贵和姜国华（2013）的做法，将商业信用变化与银行信贷变化做行业平均的调整，重新对假设 H1 和假设 H2 进行检验，具体的实证结果见表 7，基本结果不变。

表 5　采用银行信贷的替代变量检验

变量	供应商集中度提高的情形			供应商集中度降低的情形		
	供应商集中度较低	供应商集中度适中	供应商集中度较高	供应商集中度较低	供应商集中度适中	供应商集中度较高
ΔAp	0.1852***	- 0.0618	0.1733***	- 0.1097***	- 0.0737*	0.3977***
	(4.02)	(- 1.47)	(3.75)	(- 2.74)	(- 1.95)	(9.17)
Controls	控制	控制	控制	控制	控制	控制

续表

变量	供应商集中度提高的情形			供应商集中度降低的情形		
	供应商集中度较低	供应商集中度适中	供应商集中度较高	供应商集中度较低	供应商集中度适中	供应商集中度较高
行业/年份	控制	控制	控制	控制	控制	控制
常数项	− 0.0592 ***	− 0.0203	− 0.0252	− 0.0320 *	0.0169	− 0.0179
	(− 2.81)	(− 0.99)	(− 1.04)	(− 1.87)	(0.79)	(− 0.72)
样本量(个)	2032	2037	2042	2391	2391	2379
调整 R²	0.2109	0.3610	0.1983	0.3775	0.4257	0.2012

表 6　采用商业信用的替代变量检验

变量	供应商集中度提高的情形			供应商集中度降低的情形		
	供应商集中度较低	供应商集中度适中	供应商集中度较高	供应商集中度较低	供应商集中度适中	供应商集中度较高
ΔAp	0.0574 **	− 0.0847 ***	0.0646 **	− 0.0675 ***	− 0.0780 ***	0.1168 ***
	(2.23)	(− 3.65)	(2.57)	(− 2.85)	(− 3.53)	(4.81)
Controls	控制	控制	控制	控制	控制	控制
行业/年份	控制	控制	控制	控制	控制	控制
常数项	− 0.0375 **	0.0009	− 0.0177	− 0.0289 **	0.0163	− 0.0126
	(− 2.25)	(0.05)	(− 0.93)	(− 2.00)	(0.93)	(− 0.64)
样本量(个)	2032	2037	2042	2391	2391	2379
调整 R²	0.1749	0.3115	0.1690	0.3193	0.3355	0.1445

表 7　商业信用变化和银行信贷变化进行行业均值调整检验

变量	供应商集中度提高的情形			供应商集中度降低的情形		
	供应商集中度较低	供应商集中度适中	供应商集中度较高	供应商集中度较低	供应商集中度适中	供应商集中度较高
ΔAp	0.1265 ***	− 0.1043 ***	0.1090 ***	− 0.0746 **	− 0.0809 **	0.2434 ***
	(3.46)	(− 3.19)	(2.98)	(− 2.19)	(− 2.56)	(7.15)
Controls	控制	控制	控制	控制	控制	控制
行业/年份	控制	控制	控制	控制	控制	控制
常数项	− 0.0244	0.0143	− 0.0069	− 0.0160	0.0309 *	− 0.0005
	(− 1.47)	(0.90)	(− 0.36)	(− 1.10)	(1.75)	(− 0.02)
样本量(个)	2032	2037	2042	2391	2391	2379
调整 R²	0.1734	0.3048	0.1560	0.3027	0.3209	0.1397

六、进一步研究

(一)区分产权性质

考虑到不同企业之间产权性质不同会导致企业融资能力存在差异,我们基于产权性质进行分组讨论,结果如表8和表9所示。从表8可以看到,供应商集中度提高的情形下,供应商集中度较低和较高时国有组和非国有组中银行信贷与商业信用之间均为显著正相关的互补关系,供应商集中度适中时银行信贷与商业信用之间的替代关系只在非国有组存在。因此,在供应商集中度提高的情形下,银行信贷与商业信用随供应商集中度水平的提高由互补到替代再到互补的结构转换只在非国有企业中存在。从表9则可以看出,供应商集中度降低的情形下,供应商集中度较低和适中时,银行信贷与商业信用之间的替代关系只在非国有企业中显著,供应商集中度较高时二者的互补关系只在国有企业中显著。

表8 供应商集中度提高情形下区分产权性质分组检验

变量	供应商集中度较低		供应商集中度适中		供应商集中度较高	
	国有	非国有	国有	非国有	国有	非国有
ΔAp	0.1265**	0.1019**	−0.0890	−0.1362***	0.1547**	0.0916**
	(2.10)	(2.21)	(−1.46)	(−3.52)	(2.33)	(2.06)
Controls	控制	控制	控制	控制	控制	控制
行业/年份	控制	控制	控制	控制	控制	控制
常数项	−0.0305	−0.0414*	−0.0081	0.0013	0.0295	−0.0553**
	(−1.34)	(−1.74)	(−0.35)	(0.06)	(1.26)	(−2.03)
样本量(个)	791	1241	609	1428	626	1416
调整 R^2	0.2221	0.1768	0.2752	0.3409	0.2163	0.1640

表9 供应商集中度降低情形下区分产权性质分组检验

变量	供应商集中度较低		供应商集中度适中		供应商集中度较高	
	国有	非国有	国有	非国有	国有	非国有
ΔAp	0.009	−0.1197***	−0.0033	−0.1348***	0.1720***	0.0029
	(0.16)	(−2.76)	(−0.06)	(−3.51)	(2.86)	(0.07)
Controls	控制	控制	控制	控制	控制	控制
行业/年份	控制	控制	控制	控制	控制	控制
常数项	−0.0380*	−0.0274	0.0182	0.0243	−0.0169	0.0408
	(−1.74)	(−1.36)	(0.80)	(0.94)	(−0.69)	(1.64)
样本量(个)	824	1567	711	1680	696	1683
调整 R^2	0.2367	0.3554	0.2619	0.3769	0.2401	0.3154

（二）区分货币政策

参考陆正飞和杨德明（2011）的做法，以 M2 增长率减 GDP 增长率减 CPI 增长率作为宏观经济变量货币政策的衡量方式，以中位数分组设置货币政策哑变量，将 2007 年、2008 年、2011 年、2014 年、2017 年、2018 年和 2019 年视为货币政策紧缩期，将其余年份视为货币政策宽松期，并进行讨论。结果如表 10 和表 11 所示。根据表 10，供应商集中度提高情形下，货币政策紧缩时银行信贷与商业信用在供应商集中度处于适中水平时表现出显著的替代关系，货币政策宽松时银行信贷与商业信用在供应商集中度处于较低和较高水平时表现出明显的互补关系。表 11 显示，供应商集中度降低情形下，货币政策宽松时银行信贷与商业信用之间呈现明显的由替代、替代到互补的结构转换。

表 10 供应商集中度提高情形下区分货币政策分组检验

变量	供应商集中度较低		供应商集中度适中		供应商集中度较高	
	紧缩	宽松	紧缩	宽松	紧缩	宽松
ΔAp	0.0363	0.2046 ***	− 0.1902 ***	− 0.0182	− 0.0747	0.2562 ***
	(0.80)	(3.47)	(− 4.75)	(− 0.33)	(− 1.52)	(4.74)
Controls	控制	控制	控制	控制	控制	控制
行业/年份	控制	控制	控制	控制	控制	控制
常数项	− 0.0270	− 0.0464 **	0.0127	− 0.0549 **	− 0.0171	− 0.0325
	(− 1.53)	(− 2.02)	(0.74)	(− 2.54)	(− 0.83)	(− 1.31)
样本量（个）	1084	948	1122	915	1087	955
调整 R^2	0.1836	0.1859	0.3488	0.3094	0.1656	0.1940

表 11 供应商集中度降低情形下区分货币政策分组检验

变量名称	供应商集中度较低		供应商集中度适中		供应商集中度较高	
	紧缩	宽松	紧缩	宽松	紧缩	宽松
ΔAp	− 0.0519	− 0.1117 **	− 0.0893 **	− 0.0890 *	0.0286	0.3007 ***
	(− 1.13)	(− 2.21)	(− 2.13)	(− 1.86)	(0.66)	(5.84)
Controls	控制	控制	控制	控制	控制	控制
行业/年份	控制	控制	控制	控制	控制	控制
常数项	− 0.0285 *	− 0.0315 *	0.0170	− 0.0165	0.0102	− 0.0050
	(− 1.80)	(− 1.84)	(0.86)	(− 0.84)	(0.51)	(− 0.22)
样本量（个）	1317	1074	1182	1209	1218	1161
调整 R^2	0.3357	0.3060	0.3575	0.3197	0.2615	0.1668

七、研究结论与启示

本文选取了 2007 ~ 2019 年沪深 A 股制造业上市公司为样本，理论分析并实证检验了不同的供应商集中度水平下，供应商集中度的动态变化对商业信用和银行信贷结构转换的影响。研究结果表明，供应商集中度的动态变化会影响商业信用和银行信贷的结构转换，具体表现为以下几个方面。（1）在供应商集中度提高的情形下，供应商集中度较低、适中和较高时，商业信用与银行信贷分别呈现同时增加的互补关系、商业信用增加银行信贷减少的替代关系和同时减少的互补关系。也就是说，随着供应商集中度水平的提高，商业信用与银行信贷呈现由互补到替代再到互补的结构转换。（2）在供应商集中度降低的情形下，供应商集中度较低和适中时，商业信用与银行信贷呈现商业信用增加银行信贷减少的替代关系，供应商集中度较高时，商业信用与银行信贷呈现同时减少的互补关系。也就是说，随着供应商集中度水平的提高，商业信用与银行信贷呈现替代、替代到互补的结构转换。（3）区分产权性质，供应商集中度提高的情形下，银行信贷与商业信用随供应商集中度水平的提高由互补到替代再到互补的结构转换只在非国有企业中存在；供应商集中度降低的情形下，供应商集中度较低和适中时，银行信贷与商业信用之间的替代关系只在非国有企业中存在，供应商集中度较高时二者的互补关系只在国有企业中存在。（4）区分货币政策，供应商集中度提高的情形下，货币政策紧缩时银行信贷与商业信用在供应商集中度处于适中水平时呈现替代关系，货币政策宽松时银行信贷与商业信用在供应商集中度处于较低和较高水平时呈现互补关系；供应商集中度降低情形下，只有货币政策宽松时银行信贷与商业信用之间呈现由替代、替代到互补的结构转换。

本文的研究启示在于以下三个方面。第一，由于供应商集中度是影响商业信用和银行信贷获取的重要因素，所以企业在发展的过程中，要注重供应商关系的建立和维护。但是，由于供应商关系既可能为企业带来合作收益，又可能引致风险，所以需要企业在经营活动中正确处理与供应商的关系，做到既能保持供应链的优势，又能防止供应链的关系锁定，保持适度良好的供应商关系。第二，商业信用和银行信贷的互动关系无疑受到许多其他因素如货币政策（宏观经济政策）、产权性质（政企关系）等的影响，企业在融资决策中要关注相关因素对企业产生的潜在影响，要统筹兼顾，合理获取商业信用和银行信贷。第三，供应商集中度的动态变化对企业融资渠道的选择存在影响，适度提高或者降低供应商集中度水平来实现商业信用与银行信贷融资是企业缓解融资约束的重要手段。

参考文献

包婵静，张兴亮. 2015. 政治关联、银行借款与商业信用——基于中国民营上市公司的经验研究. 嘉兴学院学报，27（5）：98 - 105.

鲍群，赵秀云. 2015. 供应链关系交易与财务柔性储备动机："承诺"还是"预防". 财贸研究，26

（3）：150 – 156.

戴俊，屈迟文. 2018. 议价能力对商业信用融资的影响——基于产权性质与货币政策视角. 会计之
　　友，11：116 – 121.

郭桂花，池玉莲，宋晴. 2014. 市场化进程、会计信息质量与融资约束的相关性分析——基于最终控
　　制人的视角. 审计与经济研究，29（1）：68 – 76 + 85.

胡苏. 2018. 非标准审计意见、内部控制质量与银行信贷——基于沪深 A 股的经验证据. 商业会计，
　　22：52 – 56.

黄兴李，邓路，曲悠. 2016. 货币政策、商业信用与公司投资行为. 会计研究，2：58 – 65 + 96.

江伟，底璐璐，彭晨. 2017. 客户集中度影响银行长期贷款吗——来自中国上市公司的经验证据. 南
　　开管理评论，20（2）：71 – 80.

江伟，曾业勤. 2013. 金融发展、产权性质与商业信用的信号传递作用. 金融研究，6：89 – 103.

况学文，林鹤，陈志锋. 2019. 企业"恩威并施"对待其客户吗——基于财务杠杆策略性使用的经
　　验证据. 南开管理评论，22（4）：44 – 55.

李斌，江伟. 2006. 金融中介与商业信用：替代还是互补——基于中国地区金融发展的实证分析. 河
　　北经贸大学学报，1：26 – 31.

李任斯，刘红霞. 2016. 供应链关系与商业信用融资——竞争抑或合作. 当代财经，4：115 – 127.

李艳平. 2017. 企业地位、供应链关系型交易与商业信用融资. 财经论丛，4：47 – 54.

李振东，马超. 2019. 供应商集中度与企业外部融资约束. 经济问题，8：27 – 35.

林钟高，丁茂桓，常青. 2018. 内部控制有效性、关系型交易与企业声誉. 财务研究，2：25 – 37.

林钟高，郑军，彭琳. 2014. 关系型交易、盈余管理与盈余反应——基于主要供应商和客户视角的经
　　验证据. 审计与经济研究，29（2）：47 – 57.

陆正飞，杨德明. 2011. 商业信用：替代性融资，还是买方市场？. 管理世界，4：6 – 14 + 45.

马黎珺，张敏，伊志宏. 2016. 供应商—客户关系会影响企业的商业信用吗——基于中国上市公司的
　　实证检验. 经济理论与经济管理，2：98 – 112.

饶品贵，姜国华. 2013. 货币政策对银行信贷与商业信用互动关系影响研究. 经济研究，48（1）：
　　68 – 82 + 150.

石晓军，张顺明. 2010. 商业信用、融资约束及效率影响. 经济研究，45（1）：102 – 114.

孙兰兰，翟士运，王竹泉. 2017. 供应商关系、社会信任与商业信用融资效应. 软科学，31（2）：71 – 74.

谭伟强. 2006. 商业信用：基于企业融资动机的实证研究. 南方经济，12：50 – 60.

唐炳南，刘东皇，樊士德. 2018. 中国银行借款与商业信用融资的治理效应：过度投资视角. 财经理
　　论与实践，39（2）：22 – 27.

唐跃军. 2009. 供应商、经销商议价能力与公司业绩——来自 2005 ~ 2007 年中国制造业上市公司的
　　经验证据. 中国工业经济，10：67 – 76.

王迪，刘祖基，赵泽朋. 2016. 供应链关系与银行借款——基于供应商/客户集中度的分析. 会计研
　　究，10：42 – 49 + 96.

王化成，刘欢，高升好. 2016. 经济政策不确定性、产权性质与商业信用. 经济理论与经济管理，5：
　　34 – 45.

王满,黄波,于浩洋. 2017. 经济政策不确定性环境下企业会计稳健性与商业信用融资. 商业研究, 6:1–10.

王小鲁,樊纲,胡李鹏. 2019. 中国分省份市场化指数报告(2018). 北京:社会科学文献出版社.

王延飞. 2010. 企业市场势力、上下游企业集中度与企业绩效的关系研究——基于中国制造业上市公司的实证检验. 复旦大学硕士学位论文.

魏群. 2018. 企业生命周期、债务异质性与非效率投资. 山西财经大学学报, 40(1):96–111.

邬丹,罗焰. 2014. 市场地位对企业商业信用和银行信贷融资可获性的影响检验. 商业时代, 35:99–100.

吴娜,于博. 2017. 客户集中度、体恤效应与商业信用供给. 云南财经大学学报, 33(4):141–152.

叶康涛,张然,徐浩萍. 2010. 声誉、制度环境与债务融资——基于中国民营上市公司的证据. 金融研究, 8:171–183.

余明桂,潘红波. 2010. 金融发展、商业信用与产品市场竞争. 管理世界, 8:117–129.

袁卫秋,张宇华,王海姣. 2017. 企业生命周期、银行信贷与商业信用——基于中国上市公司的实证研究. 兰州财经大学学报, 33(4):21–31.

章铁生,李瑶瑶. 2019. 供应商集中度对商业信用融资与银行信贷互动关系动态转换的影响. 安徽工业大学学报(自然科学版), 36(3):294–301.

张新民,王珏,祝继高. 2012. 市场地位、商业信用与企业经营性融资. 会计研究, 8:58–65+97.

赵宇翔. 2008. 商业信用影响因素研究:来自银行信贷的证据. 金融理论与实践, 6:38–42.

朱文莉,白俊雅. 2018. 供应商集中度、非标准审计意见与商业信用融资. 商业研究, 6:61–70.

Aktas, N., E. D. Bodt, F. Lobez, & J. C. Statnik. 2012. The information content of trade credit. *Journal of Banking & Finance*, 36(5):1402–1413.

Allen, F., J. Qian, & M. Qian. 2005. Law, finance, and economic growth in China. *Journal of Financial Economics*, 77(1):57–116.

Balakrishnan, R., T. J. Linsmeier, & M. Venkatachalam. 1996. Financial benefits from JIT adoption: Effects of customer concentration and cost structure. *The Accounting Review*, 71(2):183–205.

Dyer, J. H., & H. Singh. 1998. The relational view: Cooperative strategy and sources of interorganizational competitive advantage. *Academy of Management Review*, 23(4):660–679.

Fabbri, D., & L. F. Klapper. 2008. Market power and the matching of trade credit terms. The World Bank Policy Research Working Paper 4754.

Giannetti, M., M. Burkart, & T. Ellingsen. 2011. What you sell is what you lend? Explaining trade credit contracts. *The Review of Financial Studies*, 24(4):1261–1298.

Kling, G., S. Y. Paul, & E. Gonis. 2014. Cash holding, trade credit and access to short-term bank finance. *International Review of Financial Analysis*, 32:123–131.

Love, I., L. A. Preve, & V. Sarria-Allende. 2007. Trade credit and bank credit: Evidence from recent financial crises. *Journal of Financial Economics*, 83(2):453–469.

Niemi, L., & S. Sundgren. 2012. Are modified audit opinions related to the availability of credit? Evidence from finnish SMEs. *European Accounting Review*, 21(4):767–796.

Patatoukas, P. N. 2012. Customer-base concentration: Implications for firm performance and capital markets. *The Accounting Review*, 87 (2): 363 – 392.

Petersen, M. A., & R. G. Rajan. 1997. Trade credit: Theories and evidence. *The Review of Financial Studies*, 10 (3): 661 – 691.

Schumacher, U. 1991. Buyer structure and seller performance in U. S. manufacturing industries. *The Review of Economics and Statistics*, 73 (2): 277 – 284.

Suutari, R. 2000. Understanding industry structure. *CMA Management*, 73 (10): 3 – 18.

Titman, S., & R. Wessels. 1988. The determinants of capital structure choice. *The Journal of Finance*, 43 (1): 1 – 19.

Touboulic, A., D. Chicksand, & H. Walker. 2014. Managing imbalanced supply chain relationships for sustainability: A power perspective. *Decision Sciences*, 45 (4): 577 – 619.

Williamson, O. E. 1979. Transaction-cost economics: The governance of contractual relations. *The Journal of Law and Economics*, 22 (2): 233 – 261.

The Impact of Dynamic Changes in Supplier Concentration on the Structure Transformation of Trade Credit and Bank Credit

Tiesheng Zhang, Li Peng, Chengji Zhang

Abstract: This article takes 2007 – 2019 Shanghai and Shenzhen A-share manufacturing listed companies as the research objects, empirically tests the impact of dynamic changes in supplier concentration on the structure transformation of trade credit and bank credit under different levels of supplier concentration. The research results show that: In the case of increasing supplier concentration, with the supplier concentration in the base period from low, medium to high level, trade credit and bank credit show a structure transformation from complementary to substitution to complementary. In the case of decreasing supplier concentration, trade credit and bank credit present the structure transformation from substitution to complementarity with the supplier concentration from low and medium to high level in the base period. The research in this article explores the mechanism of dynamic changes in supplier concentration on trade credit and bank credit structure transformation under different supplier concentration levels. It not only enriched the researches on supplier relationships and interactions between trade credit and bank credit, but also provides a certain reference for enterprises to adjust for the financing decision in a timely manner.

Keywords: Supplier Concentration; Bank Credit; Trade Credit

第 20 卷，第 1 辑，2021 年
Vol. 20，No. 1，2021

会 计 论 坛
Accounting Forum

制造业战略转型背景下供应链关系
对企业战略变化的影响*

王 满 孙嘉舸

【摘 要】 本文实证研究了供应链关系对我国制造业企业战略变化的影响。研究结果表明，较好的供应链关系能够提高我国制造业企业进行初创性、设计性与管理性战略变化的幅度。进一步地，本文研究了在面对外部环境差异与内部资源差异时供应链关系对战略变化影响的异同，以及供应商关系与客户关系分别对战略变化的影响。研究发现，外部环境差异与内部资源差异均会影响供应链关系与战略变化的相关性，并且客户关系与供应商关系对战略变化的影响也有不同。本文研究结果有助于深入理解企业战略变化的过程，并对我国制造业企业如何通过供应链关系来推动战略变化的实施有一定参考价值。

【关键词】 企业战略；供应链关系；制造业

收稿日期：2021 - 01 - 10

基金项目：国家社会科学基金项目（19BGL066）

作者简介：王满，女，东北财经大学会计学院教授；孙嘉舸（通讯作者），女，东北财经大学会计学院博士研究生，jessieaustralia@163.com。

* 作者感谢匿名评审专家对本文的宝贵意见，但文责自负。

一、引言

　　长期以来，我国制造业以大量原材料投入和低成本人力资源的规模经济为竞争优势。但是随着全球化竞争的加剧，我国制造业企业面对的外部环境发生了变化，劳动力成本上升、客户要求趋于个性化。基于战略管理理论与动态能力理论，企业战略应该顺应外部环境的变化而适时调整（Miller and Friesen，1983；Gatignon and Xuereb，1997；刘刚和于晓东，2015），这样企业才能拥有持续的竞争优势（沈灏、谢恩和王栋晗，2017）。然而，由于人的有限理性和信息不对称，企业很难完全认知外部环境，这便会使得战略变化总是慢于环境的改变。尤其是对于转型时期的我国制造业企业，市场环境的变化较大，如果企业可以先于竞争对手获得竞争环境的相关信息，便可以更快地在战略变化上做出反应。

　　基于社会资本理论，供应链关系作为企业的主要外部关系网络之一，是企业获取资源和利用资源的重要渠道，可以增强企业获取信息的能力以便企业更快地识别市场机会。因此，较好的供应链关系将有助于促进企业对战略变化的调整。本文试图研究供应链关系对我国制造业企业战略变化的影响，以检验供应链关系是否可以推动我国制造业企业战略的良性发展。

　　本文基于学者们对战略变化的定义以及 Miles、Snow 和 Meyer 等（1978）对战略变化周期的分析，将战略变化按照战略目标的变化与战略实施手段的变化，分为初创性战略变化、设计性战略变化和管理性战略变化。其中，初创性战略变化为战略目标的调整，设计性战略变化与管理性战略变化为两种战略实施手段的调整。随后，本文实证分析了供应链关系分别对这三种战略变化的影响，并进一步检验了在面对外部环境差异与内部资源差异时供应链关系对战略变化影响的异同，以及供应商关系与客户关系分别对三类战略变化的影响。研究发现，较好的供应链关系能够促进初创性、设计性与管理性战略变化；外部环境差异与内部资源差异均会影响供应链关系与战略变化的相关性；客户关系与供应商关系对三种战略变化的影响有所差异。

　　本文的研究贡献主要体现在以下两个方面。第一，本文拓展了对战略变化的研究方法。以往对战略变化的实证研究，大多没有区分战略目标变化与战略实施手段变化，也没有区分两种战略实施手段变化。本文将战略变化按照战略目标变化与战略实施手段变化，分为初创性战略变化、设计性战略变化和管理性战略变化三种类型，并展开研究，这一研究方法弥补了以往研究忽视各战略维度间差异性与关联性的不足，有利于理解企业战略变化的内在机理与各战略维度之间的内在联系，对于理解企业战略变化有一定意义。第二，本文从供应链关系的角度，丰富了对战略变化影响因素的研究。以往对战略变化影响因素的研究，大多集中于外部环境、内部资源以及管理者等方面，而忽略了供应链关系对战略变化可能的推动作用。本文研究发现，良好的供应链关系对我国制造业企业战略变化的良性发展有推动作用。这一研究丰富了战略变化影响因素的文献，强调了供应链关系管理对于我国制造业企业战略变化的重要性，对我国制造业企业如何通过管理供应链关系来推动战略变化有一定借鉴价值。

二、文献综述

（一）战略变化

陈传明和刘海建（2006）发现，战略变化包括企业目标的变化和实施手段的变化两方面。战略目标的变化，指的是企业的经营领域、产品方向等方面的变化，学者通常使用多元化程度的变化或产品数量的增减来衡量（Miles，Snow and Meyer et al.，1978；Fahey and Christensen，1986；Kelly and Amburgey，1991）。而战略实施手段的变化，涉及在战略实施过程中，生产、研发等不同战略维度的资源配置的调整（Carpenter，2000；Zhang，2006；Zhang and Rajagopalan，2010）。Miles、Snow 和 Meyer 等（1978）将战略变化涉及的各个维度进行了分析总结，建立了企业战略变化周期（Adaptive Cycle），并提出了周期中各个阶段需要解决的问题：战略目标的变化归于初创性问题（entrepreneurial problem）；战略实施时研发水平、生产能力等技术方面的变化归于设计性问题（engineering problem）；战略实施时控制不确定性、保证企业可持续发展等管理方面的变化归于管理性问题（administrative problem）。

外部环境与内部资源是影响战略变化的两大因素。第一，当外部环境变化时，企业会改变战略以适应新的环境（Rajagopalan and Spreitzer，1996）。环境变化越大，复杂性越强，战略变化幅度便越大（Wiersema and Bantel，1993；Gordon，Stewart and Sweo et al.，2000）。第二，企业内部资源是战略变化的基础和保障（连燕玲、周兵和贺小刚等，2015）。董事会资本与外部管理网络中的资本的深度与广度均会影响企业战略变化（Haynes and Hillman，2010；王栋、魏泽龙和沈灏，2011）。作为战略变化的直接实施者，管理者的类型（刘刚和于晓东，2015）、领导风格（谷盟、弋亚群和王栋晗，2020）、背景、知识、性格、性别（Wowak，Mannor and Arrfelt et al.，2016；Triana，Richard and Su，2019）、年龄、任期、权力等均会影响战略变化程度（Boeker，1997；Naranjo-Gil and Hartmann，2007；Lawrence，Malhotra and Morris，2012；连燕玲、贺小刚和高皓，2014）。

（二）供应链关系

根据社会资本理论，企业与上下游企业间的关系可以为企业获取与利用外部有价值的、稀缺的、难以模仿的、难以替代的资源提供渠道，因此能够有效降低对外界的依赖程度，减少环境不确定性对企业的影响。良好的供应链关系，对企业绩效、产品研发、风险控制等均有正向影响。

较好的供应链关系有助于企业获得与利用原材料、融资、技术、声誉、人力资源等组织资源，进而能够影响企业的财务绩效、市场有效性与战略目标（Tan and Ndubisi，2014；王永青、单文涛和赵秀云，2019）。良好的供应链关系，有助于供应链成员企业之间进行有效的信息共享，能够提升企业的创新水平与供应链绩效（Zhou and Benton，2007；Kim，Basu and Naidu et al.，2011）。供应链企业间的信息共享还有助于企业改善产品质量，加快产品研发速度，提高研发效率，可以提高企业运营绩效（Gietzmann，1996；叶飞和李怡娜，2006）。徐建中、李奉书和李丽等（2017）认为企业的外部关系有助于企业获取所需市场信息，并对所获得的知识进行整合，进而有利于企业进行低碳技术创新。薛爽、耀友福和王雪方（2018）研究发现，供应链关系有助于促进企业进行审计意见购买。Chen 和 Paulraj（2004）发现，较好的供应链关系能够减少由于缺货或库存过多导致的仓储成本，这可以使企业更好地应对环境不确定性带来的风险（Williamson，2008；Fynes，de Búrca and Mangan，2008），有助于提高企业的信用等级（Schwieterman，Goldsby and Croxton，2018）。

（三）文献述评

综合看战略变化与供应链关系的相关文献可以发现，良好的供应链关系能够为企业带来更多的信息共享，为企业构建获得稀缺外部资源的途径。而是否能够获得有关外部环境变化的相关信息，与是否能够获得战略变化所需资源，恰恰是影响战略变化的关键内外部因素。因而本文基于对上述文献的整理与分析，试图解决如下问题：良好的供应链关系是否能够提高企业的战略变化水平？以及如何影响战略目标的变化和战略实施手段的变化？

三、理论分析与假设提出

（一）供应链关系与战略目标的变化

根据战略变化的定义，可将战略变化分为战略目标变化与战略实施手段变化。本文将分别研究供应链关系对战略目标变化的影响与供应链关系对战略实施手段变化的影响。根据 Miles 等的战略变化周期（Miles，Snow and Meyer et al.，1978），战略目标变化也就是初创性战略变化，指的是企业为应对环境变化，对产品或市场进行的调整。随着全球化竞争的加剧，我国制造业面临着劳动力成本上升、客户要求趋于个性化等诸多环境上的改变。在如此巨大的环境变动下，依据战略管理理论，我国制造业企业需要进行初创性战略变化，即调整产品或市场范围，才能适应新的环境，并应对新环境带来的机遇与威胁。然而，我国制造业企业以往长期处于高消耗低成本的发展模式，缺少开发产品、开发市场的相关信息以及获得信息的能力，因而难以进行初创性战略变化。基于社会资本理论，供应链关系作为企业的主要外部关系网络之一，可以增强企业获取信息的能力。在上述情况下，企业若能拥有良好的供应链关系，便可以从供应链中获得战略变化所需信息，这有利于快速准确地调整产品或目标市场，加大企业进行初创性战略变化的幅度。

具体来说，供应链关系可从提供事前信息与提供事后信息两个方面促进企业进行初创性战略变化。首先，供应链关系较好的企业，可以在事前与供应链上下游企业进行沟通（Fynes, de Búrca and Marshall, 2004），共享市场发展趋势等行业专有信息。这有利于企业了解上下游市场的变化，如客户需求的变化或供应商提供材料的变化。企业便可以从中发现潜在的市场机遇与风险，进而对产品或市场进行调整以抓住机遇或避开风险。因此，相对于供应链关系较差的企业，供应链关系较好的企业更可能进行较大幅度的初创性战略变化。其次，供应链关系较好的企业，可以在事后更加及时地获得市场对其战略变动的反馈，如客户对产品使用情况的反馈、供应商对材料供应情况的反馈等。这能够促进企业进一步调整初创性战略变化，以使得新产品能够更加符合客户的需求，也能够更有效地使用供应商提供的资源。由此可见，较好的供应链关系，使得企业可以在事前更快地识别市场机会、事后更快地跟进市场反馈结果，使得企业能够及时有效地对市场变化做出反应，对产品或目标市场进行调整，因而能够提高初创性战略变化的变化幅度。由此提出本文假设 H1：

H1：相对于供应链关系较差的企业而言，供应链关系较好的企业初创性战略变化幅度更大。

（二）供应链关系与战略实施手段的变化

1. 供应链关系与设计性战略变化

根据 Miles、Snow 和 Meyer 等（1978）的战略变化周期理论，战略实施手段的变化可被分为设计性战略变化与管理性战略变化两类，其中设计性战略变化指的是企业技术投入的变化，包括研发水平、生产能力等方面的变化，目的是为战略目标的实施提供技术支持。随着全球化竞争的加剧，我国制造业处于快速变化的竞争环境中，根据战略管理理论，企业此时需要拥有快速改变技术投入的能力来推进自身的动态发展，这样才能在快速变化的环境中维持竞争优势。然而，随着科技的发达与社会分工的细化，技术投入的改变往往需要不同类型的知识与技术（Cao and Zhang, 2011），我国传统制造业在长期高消耗低成本的发展模式下，缺少开发核心能力的资源积累，导致我国制造业企业难以独自拥有全部技术投入变化所需的资源。基于社会资本理论，供应链关系作为企业的外部关系网络，是我国企业获取资源与利用资源的重要通道（Peng and Luo，2000），可以为企业提供技术投入变化所需的资源，并且能够提高企业利用资源的效率，因而能够加大企业进行设计性战略变化的幅度。

具体而言，较好的供应链关系，可以从资源获取与资源利用两个角度增强企业进行的设计性战略变化。一方面，从资源获取的角度，供应链中存在一个无形的知识市场（张旭梅、李国强和张翼，2006），供应链关系较好的企业能够通过供应链挖掘有价值的知识和技术等资源。这为企业提供了通过供应链获得信息与技术的机会（Kale and Shahrur，2007；叶飞和薛运普，2011），大大降低了企业获得技术、技术型员工等稀有资源的困难程度（Pathak，Wu and Johnston，2014），有助于创新活动的顺利实施（Chang，Cheng and Wu，2012）。这便增强了企业改变技术投入的能力，进而能够提高企业进行设计性战略变化的幅度。另一方面，从资源利用的角度，技术投入的改变需要整合大量资源，尤其是知识型资源。基于组织学习理论，企业的学习能力是有限的（Zhang and Rajagopalan，2010），对新资源新知识的整合需要消耗大量的时间与精力，这便会削弱企业进行设计性战略变化的能力，缩减设计性战略变化的幅度。而较好的供应链关系能够提升企业对所获得的知识进行整合的能力（Grant，1996；徐建中、李奉书和李丽等，2017），使得企业对技术投入变化所需的知识能够更好地进行吸收、整合并加以利用。企业便可以更有效地改进产品生产的策略、流程等（秦鹏飞、申光龙和胡望斌等，2019），克服因资源与经验不足导致的技术投入变化减缓的问题，进而能够促进设计性战略变化幅度的提升。由此提出本文假设 H2：

H2：相对于供应链关系较差的企业而言，供应链关系较好的企业设计性战略变化幅度更大。

2. 供应链关系与管理性战略变化

管理性战略变化指的是企业对不确定性控制程度的变化，目的是为战略目标的顺利实施提供管控上的支持（Miles，Snow and Meyer et al.，1978）。我国制造业受到全球化竞争的冲击，内外部环境均发生了较大变化，企业需要及时调整不确定性程度才能保证在快速变化的环境中既能把握住机会，又能避免因太过激进而影响到自身生存能力。较好的供应链关系可以提高企业对环境变化的感知能力与应对能力，使得企业能够更加灵活有效地对不确定性进行调控，可以提高企业进行管理性战略变化的幅度。

从感知外部环境变化的角度来看，供应链关系较好的企业，可以通过与供应链企业的沟通与合作，获得上下游行业的市场变动情况（徐建中、李奉书和李丽等，2017），能够对外部环境的变化有更加准确的预判，这有助于企业及时对不确定性进行调整。在外部环境变好时，企业能够果断地承担更多不确定性以换取更多商业机会；

在外部环境变差时，企业能够更加及时地建立防御，以保证自身的稳定经营。

从调整资源配置的角度来说，较好的供应链关系可以降低企业的调整成本（江伟、底璐璐和姚文韬，2017），有助于管理者更加灵活地调整内部资源配置以调节企业的不确定性。调整资源配置是企业调节不确定性的有效办法。例如，企业可以通过降低研发投入、提高固定资产投入等方法来降低企业的不确定性。但是对于转型期的我国制造业来说，新的市场制度并未发展成熟，这极大地增加了企业通过外部市场获取资源的难度，导致企业改变资源配置的调整成本大大提高（Banker，Byzalov and Plehn-Dujowich，2011），使得企业不愿意进行管理性战略变化。基于社会资本理论，供应链关系为企业提供了获得资源的通道，供应链关系较好的企业可以与供应链上的相关企业进行交易或合作，获得嵌入于供应链关系中的资源（Luo and Tung，2007）。这便大大降低了企业对外部市场的依赖程度，缓解了外部市场不完善导致的调整成本过高的问题。这意味着，与同等资源投入的其他企业相比，供应链关系较好的企业，调整资源配置的代价相对较小，因此企业可以更灵活地调整资源配置来调节不确定性，进而能够提高管理性战略变化的幅度。由此提出本文假设 H3：

H3：相对于供应链关系较差的企业而言，供应链关系较好的企业管理性战略变化幅度更大。

四、研究设计

（一）样本选择和数据来源

本文以我国沪深两市中 A 股制造业上市公司作为研究样本，数据采集期间为 2009 ~ 2018 年①。本文财务数据来自国泰安 CSMAR 系列研究数据库，样本数据整理如下：（1）剔除在数据采集期间 ST 或 *ST 的样本；（2）剔除相关数据当期以及滞后一期缺失的样本；（3）对所有连续变量在上下 1% 的水平上进行 Winsor 处理。本文的数据整理及数据分析工作利用了 Stata 13 和 Excel 2013 等软件。

（二）关键变量定义

1. 战略目标变化：初创性战略变化（SC1）

战略目标的变化，涉及企业的经营领域、产品方向等方面的变化，学者通常使用

---

① 首先，因 2007 年起开始实施新会计准则，为保证数据可比性，本文选取 2008 年为数据起始时间；又因本文数据计算涉及滞后一期数据，因此最终数据起始年份为 2009 年。其次，由于数据库收录的供应链关系相关数据仅截至 2018 年，因此本文选取 2018 年为数据截止年份。

多元化程度的变化或产品数量的增减来衡量（Miles，Snow and Meyer et al.，1978；Fahey and Christensen，1986；Kelly and Amburgey，1991）。本文借鉴 Boeker（1997）、李维安和徐建（2014）、周建和许为宾（2015）等的研究，用企业多元化程度变化的绝对值来对战略目标变化进行衡量，具体算法如下：

$$熵值 = \sum_{i=1}^{n} p_i \ln(1/p_i) \tag{1}$$

其中，p_i 表示上市公司第 i 类经营业务单元收入占公司主营业务收入的比例。

2. 战略实施手段变化：设计性战略变化（$SC2$）与管理性战略变化（$SC3$）

战略实施手段的变化，涉及在战略实施过程中，生产、研发等不同战略维度的资源配置的调整（Carpenter，2000；Zhang，2006；Zhang and Rajagopalan，2010）。目前已有学者对关键战略维度指标进行计算来衡量基于战略实施角度的战略变化（Carpenter，2000；Zhang and Rajagopalan，2010），但是这些研究并没有进一步区分，所选择的关键战略维度哪些属于设计性战略变化，哪些属于管理性战略变化。因此，本文对关键战略维度指标运用因子分析的方法，来衡量设计性战略变化与管理性战略变化。

本文分析比较 Carpenter（2000），Ittner、Larcker 和 Rajan（1997），Bentley、Omer 和 Sharp（2013）等对关键战略维度的选取及选取规则，基于各个维度指标对制造业企业发展的重要性以及各维度间的互补性，最终确定了六个不同战略维度，包括：企业研发投入程度、企业有效生产能力、企业费用投入程度、企业增值能力、企业稳定性和企业偿债能力。其中，企业研发投入程度用研发投入/销售收入来衡量，这一指标能够说明企业进行研发投入的程度；企业有效生产能力用员工人数/销售收入来衡量，这一指标能够说明企业员工的平均生产能力；企业费用投入程度用销管费用/销售收入来衡量，这一指标能够说明企业费用投入的程度；企业增值能力用营业净利率来衡量，这一指标能够说明企业收入创造利润的能力；企业稳定性用固定资产净利润率来衡量，这一指标能够说明企业当前固定资产能够创造多少价值；企业偿债能力用营业资金率来衡量，这一指标能够说明企业偿还债务的能力。

对各战略维度的变动情况进行因子分析，结果见表 1。分析结果显示，KMO 检验值为 0.800，Bartlett 球形度检验结果中 P 值为 0.000，均达到显著性水平，适合进行因子分析。变量间存在两个共同因子，累计方差贡献率达到 77.58%，说明这两个因子能够较好地解释各变量。第一个因子的特征值为 3.312，包括企业研发投入程度、企业有效生产能力、企业费用投入程度与企业偿债能力的变动情况；第二个因子的特征值为 1.343，包括企业稳定性和企业增值能力的变动情况。本文取第一个因子的绝对值来衡量企业的设计性战略变化（$SC2$），取第二个因子的绝对值来衡量企业的管理性战略变化（$SC3$）。

表 1　因子分析结果

Panel A:因子分析结果

变量	因子 1	因子 2
企业增值能力	0.1111	0.8155
企业研发投入程度	0.9623	0.0603
企业有效生产能力	0.9417	0.0028
企业费用投入程度	0.9092	0.0405
企业稳定性	− 0.0652	0.8172
企业偿债能力	− 0.8096	0.0698
特征值	3.3116	1.3431
累计方差贡献率	0.5519	0.7758

Panel B:因子分析总体评价

衡量指标	数值
累计方差贡献率	77.58%
KMO 值	0.800
Bartlett 球形度检验(P 值)	0.000

3. 供应链关系

国内外学者常用客户集中度与供应商集中度来衡量企业与供应链企业间的关系远近，当供应商集中度与客户集中度较高时，说明企业与供应商和客户的关系较好（Banerjee，Dasgupta and Kim，2008；陈峻、王雄元和彭旋，2015；王迪、刘祖基和赵泽朋，2016）。本文设置虚拟变量供应链关系（SCR），当企业的供应商集中度与客户集中度均大于行业均值时为 1，否则为 0。当虚拟变量供应链关系为 1 时，说明企业与供应链上下游企业的关系较好。

（三）模型设计

本文建立如下模型以检验供应链关系对战略变化的影响：

$$SC_t = \alpha_0 + \alpha_1 SCR_{t-1} + \alpha_{2-9} controls_{t-1} \sum Ind + \sum Year + \varepsilon \tag{2}$$

其中，SC 为战略变化，包括 SC1、SC2 与 SC3；controls 为控制变量，包括企业成长机会、董事会规模、董事会独立性、股权制衡程度、企业年限、两职兼任、企业规模和资产负债率等。当模型中的 $\alpha_1 > 0$ 时，说明供应链关系与对应的战略变化之间存在正相关关系，反之，则存在负相关关系。本文的控制变量参照了李维安和徐建（2014），连燕玲、周兵和贺小刚等（2015）以及周建和许为宾（2015）的研究，变量的具体定义见表2。

表 2　变量定义

变量类型	变量名	变量定义	衡量方法
被解释变量	SC1	初创性战略变化	多元化程度变化的绝对值
	SC2	设计性战略变化	对战略维度指标进行因子分析得出
	SC3	管理性战略变化	对战略维度指标进行因子分析得出
解释变量	SCR	供应链关系	虚拟变量,当企业的供应商集中度与客户集中度均大于行业均值时为 1,否则为 0
控制变量	Growth	企业成长机会	营业收入增长率
	Board	董事会规模	董事会总人数
	Jar	董事会独立性	董事会中独立董事所占比例
	Crl10	股权制衡程度	第二至第十大股东的持股比例之和与第一大股东持股比例的比值
	Age	企业年限	样本期间的年份与公司成立年份的差值取自然对数
	Dual	两职兼任	总经理和董事长由一人兼任时,取值为 1,否则取值为 0
	Size	企业规模	公司总资产取自然对数
	Lev	资产负债率	负债总额与资产总额之比
	Ind	行业	行业虚拟变量
	Year	年份	年份虚拟变量

五、实证结果与分析

(一)描述性统计分析

主要变量的描述性统计分析结果见表 3。初创性战略变化的均值为 0.06,标准差为 0.09,最小值为 0,最大值为 0.35。这说明我国制造业企业普遍较少对战略目标进行调整,表现为初创性战略变化整体来说较小,差异也较小。设计性战略变化与管理性战略变化的均值分别为 0.17 与 0.43,标准差分别为 0.16 与 0.46,最小值均为 0,最大值分别为 0.73 与 2.83。这说明我国制造业企业对两种战略实施手段的注重程度是不同的,表现为设计性战略变化较小、差异较小,而管理性战略变化较大、差异也较大。也就是说,我国制造业企业的战略目标变化不大,而且与注重技术投入的设计性战略变化相比,在战略实施时更注重以维持企业可持续经营为目的的管理性战略变化,这一结果与我国制造业当前的发展现状是相符合的。

表 3　主要变量描述性统计分析结果

样本	变量	样本量(个)	均值	标准差	最小值	最大值
初创性战略变化样本	SC1	1778	0.06	0.09	0.00	0.35
	SCR	1778	0.17	0.38	0.00	1.00
	Growth	1778	0.19	0.32	-0.39	1.83
	Board	1778	8.42	1.56	5.00	15.00
	Jar	1778	0.38	0.05	0.33	0.57
	Crl10	1778	0.96	0.71	0.06	3.82
	Age	1778	2.61	0.38	1.39	3.37
	Dual	1778	0.31	0.46	0.00	1.00
	Size	1778	21.97	0.95	20.01	26.00
	Lev	1778	0.37	0.18	0.05	0.84
设计性战略变化与管理性战略变化样本	SC2	3493	0.17	0.16	0.00	0.73
	SC3	3493	0.43	0.46	0.00	2.83
	SCR	3493	0.18	0.39	0.00	1.00
	Growth	3493	0.22	0.32	-0.29	1.83
	Board	3493	8.34	1.48	5.00	13.00
	Jar	3493	0.38	0.05	0.33	0.57
	Crl10	3493	1.07	0.84	0.08	4.45
	Age	3493	2.62	0.36	1.39	3.33
	Dual	3493	0.35	0.48	0.00	1.00
	Size	3493	21.93	0.92	20.05	24.79
	Lev	3493	0.35	0.17	0.05	0.73

（二）供应链关系与战略变化关系的检验

表 4 所示是供应链关系对企业战略变化影响的检验结果，本文采用稳健聚类（Cluster）回归方法进行检验。结果显示，供应链关系对初创性战略变化的影响在 5% 的水平下显著为正，回归结果支持 H1，说明较好的供应链关系能够提高我国制造业企业的初创性战略变化幅度，即能够促进企业对战略目标的调整。回归结果也显示，供应链关系对设计性战略变化的影响在 1% 的水平下显著为正，对管理性战略变化的影响在 5% 的水平下显著为正，结果支持 H2 与 H3，说明较好的供应链关系能够提高我国制造业企业的设计性战略变化与管理性战略变化幅度，即能够促使企业对战略实施手段的调整。

总而言之，表 4 中的回归结果表明，对于我国制造业企业来说，较好的供应链关系可以促进企业对战略目标的调整，也能够促进企业对战略实施手段的调整。更进一步的，初创性战略变化显示着企业调整产品或市场的效率，设计性战略变化显示着企业改变技术投入的能力，而管理性战略变化显示着企业管控不确定性的能力。因此，

表 4　供应链关系与战略变化的回归结果

变量	SC1	SC2	SC3
SCR	0.013 **	0.025 ***	0.061 **
	(1.97)	(3.31)	(2.52)
Growth	− 0.002	0.037 ***	0.028
	(− 0.28)	(3.54)	(0.93)
Board	− 0.001	− 0.007 **	− 0.018 **
	(− 0.61)	(− 2.42)	(− 2.34)
Jar	− 0.066	− 0.037	− 0.075
	(− 1.09)	(− 0.50)	(− 0.36)
Crl10	0.002	0.002	0.022 **
	(0.44)	(0.43)	(1.97)
Age	− 0.026 ***	− 0.033 ***	− 0.060 **
	(− 3.43)	(− 3.46)	(− 2.19)
Dual	− 0.002	− 0.002	0.000
	(− 0.39)	(− 0.24)	(0.02)
Size	− 0.005	− 0.021 ***	− 0.026 **
	(− 1.43)	(− 5.05)	(− 2.12)
Lev	0.065 ***	0.165 ***	− 0.226 ***
	(3.66)	(7.19)	(− 3.19)
Constant	0.263 ***	0.643 ***	1.373 ***
	(2.88)	(6.42)	(5.24)
行业	控制	控制	控制
年份	控制	控制	控制
N(个)	1778	3493	3493
R^2	0.035	0.051	0.039
调整的 R^2	0.024	0.045	0.034

注：括号内为 t 值，* 、** 、*** 分别表示 10%、5%、1% 的显著性水平；下文同。

这一回归结果意味着，较好的供应链关系，能够增强企业改变技术投入与管控不确定性的能力，并能够提高企业调整产品或市场的效率。

（三）进一步研究

1. 外部环境与内部资源的影响

外部环境的差异与内部资源是否充盈是影响企业进行战略变化的两大因素。因此，本文进一步检验在不同的外部环境与内部资源的情况下，供应链关系对战略变化的影响是否有所差异。在外部环境方面，本文从产业差异的角度选取了是否为新兴产业这一变量，因为与传统制造业普遍产能过剩而且缺乏自主研发能力不同，新兴产业的资本、知识和技术密度都更高，而且能够获得更多的来自政府的扶持与社会资源的倾斜。因此，产业差异是我国制造业面临的重要外部环境差异之一。而在内部资源方面，本文选取了融资约束程度这一变量。

因为现金资源的充足是企业获得先进技术、厂房与器械、技术人员等其他资源的前提，因此对于企业来说，融资约束是制约其战略变化的重要内部因素。

表 5 的 Panel A 列示了产业差异下供应链关系对战略变化的影响。对比相关结果可以看到，供应链关系对初创性战略变化的影响在新兴产业不显著，在非新兴产业在 1% 的水平下显著为正；供应链关系对设计性战略变化的影响在新兴产业在 1% 的水平下显著为正，在非新兴产业在 5% 的水平下显著为正；供应链关系对管理性战略变化的影响在新兴产业在 10% 的水平下显著为正，在非新兴产业在 5% 的水平下显著为正。这一结果说明，在战略目标变化的层面，供应链关系对初创性战略变化的促进作用更可能发生在非新兴产业中；而在战略实施手段变化的层面，无论是否在新兴产业，供应链关系均能促进设计性战略变化与管理性战略变化。

表 5　外部环境与内部资源的影响

变量	Panel A:产业差异					
	SC1		SC2		SC3	
	新兴产业	非新兴产业	新兴产业	非新兴产业	新兴产业	非新兴产业
SCR	− 0.003	0.025 ***	0.029 ***	0.021 **	0.057 *	0.062 **
	(− 0.37)	(3.64)	(2.89)	(2.36)	(1.92)	(2.44)
Constant	0.271 **	0.272 ***	0.796 ***	0.592 ***	1.400 ***	1.538 ***
	(2.41)	(3.08)	(6.20)	(5.03)	(3.67)	(4.58)
行业	控制	控制	控制	控制	控制	控制
年份	控制	控制	控制	控制	控制	控制
N(个)	732	1046	1624	1869	1624	1869
R^2	0.036	0.062	0.064	0.048	0.060	0.038
调整的 R^2	0.009	0.042	0.052	0.037	0.048	0.027
经验 P 值	0.019		0.292		0.422	
变量	Panel B:融资约束					
	SC1		SC2		SC3	
	融资约束较大企业	融资约束较小企业	融资约束较大企业	融资约束较小企业	融资约束较大企业	融资约束较小企业
SCR	0.024 **	0.015	0.028 ***	0.043 ***	0.014	0.071 **
	(2.57)	(1.63)	(2.72)	(4.08)	(0.49)	(2.07)
Constant	0.217 *	0.507 ***	0.407 ***	1.035 ***	0.893 **	1.961 ***
	(1.86)	(4.37)	(3.15)	(6.85)	(2.56)	(4.01)
行业	控制	控制	控制	控制	控制	控制
年份	控制	控制	控制	控制	控制	控制
N(个)	827	589	1643	1220	1643	1220
R^2	0.032	0.094	0.032	0.129	0.054	0.034
调整的 R^2	0.007	0.060	0.020	0.114	0.041	0.017
经验 P 值	0.304		0.210		0.123	

表 5 的 Panel B 列示了融资约束下供应链关系对战略变化的影响。对比相关结果可以看到，供应链关系对初创性战略变化的影响在融资约束较大的企业在 5% 的水平下显著为正，在融资约束较小的企业不显著；无论融资约束程度如何，供应链关系对设计性战略变化的影响均在 1% 的水平下显著为正；供应链关系对管理性战略变化的影响在融资约束较大的企业不显著，在融资约束较小的企业在 5% 的水平下显著为正。这一结果说明，在战略目标变化的层面，供应链关系对初创性战略变化的促进作用更可能发生在融资约束较大的企业中；在战略实施手段变化的层面，融资约束对供应链关系和设计性战略变化的关系没有影响，但是供应链关系对管理性战略变化的促进作用更可能发生在融资约束较小的企业中。

2. 供应商关系与客户关系分别对战略变化的影响

供应商与客户是供应链关系中的上游企业与下游企业，二者与企业合作的目的不同，对企业战略变化关注的侧重点不同，导致二者对企业战略变化的影响可能有所不同。与客户相比，供应商作为上游企业，更加注重企业产品能否吸引更多客户以为自己带来更多利益，因此会更加注重企业产品的更新情况，更愿意推动初创性战略变化以吸引更多潜在客户。而客户作为下游企业，会更关注技术投入等战略实施手段的变化，以确保企业所生产产品符合自身要求。因此，本文进一步检验企业的供应商关系与客户关系分别对战略变化的影响，作为主回归分析的进一步延伸。表 6 中的回归结果显示，客户关系（Customer）对初创性战略变化无显著影响，供应商关系（Supplier）对初创性战略变化的影响在 5% 的水平下显著为正；客户关系对设计性战略变化的影响在 1% 的水平下显著为正，供应商关系对设计性战略变化的影响在 5% 的水平下显著为正；客户关系对管理性战略变化的影响在 1% 的水平下显著为正，供应商关系对管理性战略变化的影响在 5% 的水平下显著为正。这一结论表明，较好的供应商关系既能够促进战略目标变化也能够促进战略实施手段变化，但是较好的客户关系只能够促进战略实施手段变化，无法促进战略目标变化。

表 6　供应商关系与客户关系分别对战略变化的影响

变量	SC1		SC2		SC3	
Customer	0.004 (0.84)		0.001 *** (4.76)		0.002 *** (4.20)	
Supplier		0.009 ** (1.98)		0.000 ** (2.47)		0.001 ** (2.04)
Constant	0.281 *** (4.08)	0.259 *** (3.70)	0.633 *** (7.26)	0.640 *** (7.23)	1.340 *** (5.25)	1.365 *** (5.27)
行业	控制	控制	控制	控制	控制	控制
年份	控制	控制	控制	控制	控制	控制
N（个）	1778	1778	3493	3493	3493	3493
R^2	0.033	0.035	0.053	0.048	0.042	0.038
调整的 R^2	0.021	0.023	0.047	0.042	0.036	0.032

（四）稳健性检验

1. Heckman 两步法

供应链关系数据的选择性披露是一种自选择行为（王迪、刘祖基和赵泽朋，2016），导致本文结论可能存在选择性偏差问题，因此本文采用 Heckman 两步法来缓解可能影响回归结果的由选择性偏差导致的内生性问题。本文借鉴王迪、刘祖基和赵泽朋（2016）的研究，采用企业所处行业内每年披露供应链关系数据的企业比例作为第一阶段回归的工具变量，且根据第一阶段的回归结果计算出逆米尔斯比率（IMR）并将之代入第二阶段回归。对应的第二阶段回归结果列示在表7，可以看到，考虑了选择性偏差之后的回归结果中，供应链关系与三种战略变化依旧呈显著正相关关系，与主回归结果一致。这一检验结果说明，在考虑了选择性偏差的影响下，本文结论依旧成立。

表7　Heckman 检验结果

变量	$SC1$	$SC2$	$SC3$
SCR	0.013** (2.29)	0.026*** (3.85)	0.062*** (3.16)
IMR	−0.039 (−0.97)	0.006 (0.18)	−0.016 (−0.15)
$Constant$	0.394*** (3.35)	0.660*** (5.68)	1.331*** (3.91)
行业	控制	控制	控制
年份	控制	控制	控制
N(个)	1778	3493	3493
R^2	0.036	0.049	0.039
调整的 R^2	0.024	0.043	0.033

2. 战略变化替代变量

在制造业战略转型时期，不同行业间面临的环境变化差别较大，导致不同行业的企业战略变化程度可能差异较大。因而本文采用经行业调整的战略变化，即战略变化程度与行业平均战略变化程度的差值，作为替代变量，来控制因行业差异而产生的企业间战略变化差异。对应的回归结果列示在表8，与前文结果一致。

表 8 战略变化替代变量

变量	SC1	SC2	SC3
SCR	0.013 **	0.025 ***	0.061 ***
	(2.39)	(3.80)	(3.15)
Constant	0.173 **	0.463 ***	0.924 ***
	(2.51)	(5.32)	(3.66)
行业	控制	控制	控制
年份	控制	控制	控制
N(个)	1778	3493	3493
R^2	0.032	0.042	0.029
调整的 R^2	0.020	0.037	0.023

六、研究结论与启示

本文以我国 A 股制造业上市公司为样本，基于战略管理理论与社会资本理论，以规范研究方法与实证研究方法相结合的方式，探讨了在我国制造业战略转型时期，供应链关系对企业战略变化的影响。在规范研究部分，本文首先基于学者们对战略变化的定义以及 Miles、Snow 和 Meyer 等（1978）对战略变化周期的分析，将战略变化按照战略目标的变化与战略实施手段的变化，分为初创性战略变化、设计性战略变化和管理性战略变化；随后，本文基于战略管理理论与社会资本理论，理论推演了供应链关系对上述三种战略变化的影响。在实证研究部分，本文首先实证检验了供应链关系对我国制造业企业初创性战略变化、设计性战略变化和管理性战略变化的影响，随后进一步检验了，在不同产业环境和不同融资约束程度下供应链关系对战略变化影响的异同，以及客户关系与供应商关系分别对战略变化的影响。研究显示，较好的供应链关系能够提高我国制造业企业的战略变化幅度，并且这一作用受到产业环境与融资约束的影响，以及供应商关系有助于推动战略目标和战略实施手段的变化，但是客户关系只有助于推动战略实施手段的变化，对战略目标变化无影响。

本文的研究结论为我国制造业企业如何在转型时期存活与发展提供了两方面的建议。第一，对于我国制造业而言，良好的供应链关系有助于企业迅速调整战略以适应转型时期快速变化的外部环境。这一结论强调了制造业企业管理供应链关系在转型时期的重要性，因此企业应当积极建立良好的供应链关系，这将有利于推动战略变化的发展。第二，本文将战略变化按照战略目标的变化与战略实施手段的变化，分为初创性战略变化、设计性战略变化与管理性战略变化三类，这有助于企业从三个不同方面去理解战略变化的含义，因此企业不仅要注重产品或市场等战略目标的变化，也要注重在战略实施过程中对战略实施手段的调整。

参考文献

陈传明，刘海建．2006．企业战略变革：内涵与测量方法论探析．科研管理，27（3）：67－74．

陈峻，王雄元，彭旋．2015．环境不确定性、客户集中度与权益资本成本．会计研究，337（11）：76－82＋97．

谷盟，弋亚群，王栋晗．2020．高管团队冲突与战略变化速度——CEO 领导风格的差异化作用．软科学，34（4）：138－144．

江伟，底璐璐，姚文韬．2017．客户集中度与企业成本粘性——来自中国制造业上市公司的经验证据．金融研究，9：196－210．

李维安，徐建．2014．董事会独立性、总经理继任与战略变化幅度——独立董事有效性的实证研究．南开管理评论，17（1）：4－13．

连燕玲，贺小刚，高皓．2014．业绩期望差距与企业战略调整——基于中国上市公司的实证研究．管理世界，11：119－132．

连燕玲，周兵，贺小刚，温丹玮．2015．经营期望、管理自主权与战略变革．经济研究，50（8）：31－44．

刘刚，于晓东．2015．高管类型与企业战略选择的匹配——基于行业生命周期与企业能力生命周期协同的视角．中国工业经济，10：115－130．

秦鹏飞，申光龙，胡望斌，王星星．2019．知识吸收与集成能力双重调节下知识搜索对创新能力的影响效应研究．管理学报，16（2）：219－228．

沈灏，谢恩，王栋晗．2017．不确定环境驱动下的新产品开发战略选择与持续竞争优势．经济与管理研究，38（9）：117－126．

王迪，刘祖基，赵泽朋．2016．供应链关系与银行借款——基于供应商/客户集中度的分析．会计研究，348（10）：42－49＋96．

王栋，魏泽龙，沈灏．2011．转型背景下企业外部关系网络、战略导向对战略变化速度的影响研究．南开管理评论，14（6）：76－84．

王永青，单文涛，赵秀云．2019．地区金融发展、供应链集成与企业银行债务融资．经济经纬，36（2）：133－140．

徐建中，李奉书，李丽，侯建．2017．企业外部关系质量对低碳技术创新的影响：基于知识视角的研究．中国软科学，2：183－192．

薛爽，耀友福，王雪方．2018．供应链集中度与审计意见购买．会计研究，8：57－64．

叶飞，李怡娜．2006．供应链伙伴关系、信息共享与企业运营绩效关系．工业工程与管理，6：95－101．

叶飞，薛运普．2011．供应链伙伴间信息共享对运营绩效的间接作用机理研究——关系资本为中间变量．中国管理科学，19（6）：112－125．

张旭梅，李国强，张翼. 2006. 供应链中供应商订单分配的不完全信息动态博弈研究. 管理学报，3 （5）：519 - 523.

周建，许为宾. 2015. 产权、董事会领导权分离模式与企业战略变革. 经济管理，37 （4）：51 - 60.

Banerjee, S. , S. Dasgupta, & Y. Kim. 2008. Buyer-supplier relationships and the stakeholder theory of capital structure. *The Journal of Finance*, 63 （5）：2507 - 2552.

Banker, R. D. , D. Byzalov, & J. M. Plehn-Dujowich. 2011. Sticky cost behavior: Theory and evidence. SSRN Working Paper.

Bentley, K. A. , T. C. Omer, & N. Y. Sharp. 2013. Business strategy, financial reporting irregularities, and audit effort. *Contemporary Accounting Research*, 30 （2）：780 - 817.

Boeker, W. 1997. Strategic change: The influence of managerial characteristics and organizational growth. *Academy of Management Journal*, 40 （1）：152 - 170.

Cao, M. , & Q. Zhang. 2011. Supply chain collaboration: Impact on collaborative advantage and firm performance. *Journal of Operations Management*, 29 （3）：163 - 180.

Carpenter, M. A. 2000. The price of change: The role of CEO compensation in strategic variation and deviation from industry strategy norms. *Journal of Management*, 26 （6）：1179 - 1198.

Chang, M. L. , C. F. Cheng, & W. Y. Wu. 2012. How buyer-seller relationship quality influences adaptation and innovation by foreign MNCs' subsidiaries. *Industrial Marketing Management*, 41 （7）：1047 - 1057.

Chen, I. J. , & A. Paulraj. 2004. Towards a theory of supply chain management: The constructs and measurements. *Journal of Operations Management*, 22 （2）：119 - 150.

Fahey, L. , & H. K. Christensen. 1986. Evaluating the research on strategy content. *Journal of Management*, 12 （2）：167 - 183.

Fynes, B. , S. de Búrca, & J. Mangan. 2008. The effect of relationship characteristics on relationship quality and performance. *International Journal of Production Economics*, 111 （1）：56 - 69.

Fynes, B. , S. de Búrca, & D. Marshall. 2004. Environmental uncertainty, supply chain relationship quality and performance. *Journal of Purchasing and Supply Management*, 10 （4 - 5）：179 - 190.

Gatignon, H. , & J. M. Xuereb. 1997. Strategic orientation of the firm and new product performance. *Journal of Marketing Research*, 34：77 - 90.

Gietzmann, M. B. 1996. Incomplete contracts and the make or buy decision: Governance design and attainable flexibility. *Accounting, Organizations and Society*, 21 （6）：611 - 626.

Gordon, S. S. , W. H. Stewart, R. Sweo, &W. A. Luker. 2000. Convergence versus strategic reorientation: The antecedents of fast-paced organizational change. *Journal of Management*, 26 （5）：911 - 945.

Grant, R. M. 1996. Toward a knowledge-based theory of the firm. *Strategic Management Journal*, 17 （S2）：109 - 122.

Haynes K. T. , & A. Hillman. 2010. The effect of board capital and CEO power on strategic change. *Strategic Management Journal*, 31 （11）：1145 - 1163.

Ittner, C. D. , D. F. Larcker, & M. V. Rajan. 1997. The choice of performance measures in annual bonus contracts. *The Accounting Review*, 72 （2）：231 - 255.

Kale, J. R., & H. Shahrur. 2007. Corporate capital structure and the characteristics of suppliers and customers. *Journal of Financial Economics*, 83 (2): 321 – 365.

Kelly, D., & T. L. Amburgey. 1991. Organizational inertia and momentum: A dynamic model of strategic change. *Academy of Management Journal*, 34 (3): 591 – 612.

Kim, D., C. Basu, G. M. Naidu, & E. Cavusgil. 2011. The innovativeness of born-globals and customer orientation: Learning from Indian born-globals. *Journal of Business Research*, 64 (8): 879 – 886.

Lawrence, T. B., N. Malhotra, & T. Morris. 2012. Episodic and systemic power in the transformation of professional service firms. *Journal of Management Studies*, 49 (1): 102 – 143.

Leenders, R., & S. M. Gabbay. 1999. *CSC: An Agenda for the Future, in Corporate Social Capital and Liability*. New York: Kluwer.

Luo, Y., & R. L. Tung. 2007. International expansion of emerging market enterprises: A springboard perspective. *Journal of International Business Studies*, 38 (4): 481 – 498.

Miles, R. E., C. C. Snow, A. D. Meyer, & H. J. Coleman. 1978. Organizational strategy, structure, and process. *Academy of Management Review*, 3 (3): 546 – 562.

Miller, D., & P. H. Friesen. 1983. Successful and unsuccessful phases of the corporate life cycle. *Organization Studies*, 4 (4): 339 – 356.

Naranjo-Gil, D., & F. Hartmann. 2007. Management accounting systems, top management team heterogeneity and strategic change. *Accounting, Organizations and Society*, 32 (7): 735 – 756.

Pathak, S. D., Z. Wu, & D. Johnston. 2014. Toward a structural view of co-opetition in supply networks. *Journal of Operations Management*, 32 (5): 254 – 267.

Peng, M. W., & Y. Luo. 2000. Managerial ties and firm performance in a transition economy: The nature of a micro-macro link. *Academy of Management Journal*, 43 (3): 486 – 501.

Rajagopalan, N., & G. M. Spreitzer. 1996. Toward a theory of strategic change: A multi-lens perspective and integrative framework. *Academy of Management Review*, 22 (1): 48 – 79.

Schwieterman, M. A., T. J. Goldsby, & K. L. Croxton. 2018. Customer and supplier portfolios: Can credit risks be managed through supply chain relationships?. *Journal of Business Logistics*, 39 (2): 123 – 137.

Tan, C. Y., & O. N. Ndubisi. 2014. Evaluating supply chain relationship quality, organisational resources, technological innovation and enterprise performance in the palm oil processing sector in Asia. *Journal of Business & Industrial Marketing*, 29 (6): 487 – 498.

Triana, M., O. C. Richard, & W. Su. 2019. Gender diversity in senior management, strategic change, and firm performance: Examining the mediating nature of strategic change in high tech firms. *Research Policy*, 48 (7): 1681 – 1693.

Wiersema, M. F., & K. A. Bantel. 1993. Top management team turnover as an adaptation mechanism: The role of the environment. *Strategic Management Journal*, 14 (7): 485 – 504.

Williamson, O. E. 2008. Outsourcing: Transaction cost economics and supply chain management. *Journal of Supply Chain Management*, 44 (2): 5 – 16.

Wowak, A. J., M. J. Mannor, M. Arrfelt, & G. McNamara. 2016. Earthquake or glacier? How CEO charisma manifests in firm strategy over time. *Strategic Management Journal*, 37 （3）: 585 – 603.

Zhang, Y. 2006. The Presence of a separate COO/president and its impact on strategic change and CEO dismissal. *Strategic Management Journal*, 27 （3）: 283 – 300.

Zhang, Y. , & N. Rajagopalan. 2010. Once an outsider, always an outsider? CEO origin, strategic change, and firm performance. *Strategic Management Journal*, 31 （3）: 334 – 346.

Zhou, H. , & J. W. C. Benton. 2007. Supply chain practice and information sharing. *Journal of Operations Management*, 25 （6）: 1348 – 1365.

The Impact of Supply Chain Relationship on Corporate Strategy Change under the Background of Manufacturing Strategic Transformation

Man Wang, Jiage Sun

Abstract: The research results show that better supply chain relationships can increase the entrepreneurial, engineering and administrative strategic change for manufacturing corporations. Further, this article researches how the differences in external environment and internal resources affect the relevance between supply chain relationship and strategic change, as well as the influence of supplier relationship and customer relationship on strategic change. The research finds that external environment differences and internal resource differences both would affect the relevance between supply chain relationship and strategic change, and the impact of customer relationships and supplier relationships on strategic change is also different. The research results of this article are helpful to understand the process of corporate strategic change, and have reference value for how China's manufacturing corporations can promote the implementation of strategic change through supply chain relationships.

Keywords: Corporate Strategy; Supply Chain Relationship; Manufacturing

第 20 卷，第 1 辑，2021 年
Vol. 20，No. 1，2021

会 计 论 坛

Accounting Forum

高铁开通能否降低股价同步性？*

姚　圣　　郑志伟

【摘　要】本文基于中国开通高铁这一"准自然实验"背景，收集了 2004 ~ 2018 年中国 322 个地区的高铁开通数据，使用双重差分（DID）模型，研究了高铁开通对沿线城市上市公司股价同步性的影响。研究结果表明，高铁的开通能显著降低沿线城市上市公司的股价同步性。进一步研究发现，高铁开通通过提升分析师盈余预测准确度降低股价同步性。同时，对于国有企业、制造业企业和盈余管理水平较高的企业、股票换手率较低的企业以及股权集中度较高的企业，高铁开通对股价同步性的降低效应更加显著。本文在通过安慰剂检验、工具变量法以及进一步控制其他因素等方法进行检验后，发现上述结论稳健。

【关键词】高铁；信息不对称；股价同步性；分析师

一、引言

已有研究表明，交通基础设施的改善能够有效促进地区经济的发展（张学良，

收稿日期：2020 - 10 - 09

基金项目：国家自然科学基金面上项目（71572189）；国家自然科学基金青年项目（71102163）。

作者简介：姚圣，男，中国矿业大学经济管理学院教授，kj9704@126.com；郑志伟，男，中国矿业大学经济管理学院会计学专业硕士研究生

* 作者感谢匿名评审专家对本文的宝贵意见，但文责自负。

2012；Zheng and Kahn，2013）。相较于传统的交通方式，高速铁路具有载客量大、耗时少、安全性强以及准点率高等优势，因此发展高速铁路成为近十年来我国交通基础设施建设的重要战略之一。高铁开通不仅改变了人们的生活方式，也影响着企业的运营模式以及资本市场的运作。已有研究发现，沿线城市得益于高铁的开通，因为高铁缩小了城市之间的时间距离，促进了地区之间人力、资本、技术等资源的快速流动与交换，降低了企业之间的信息沟通成本（龙玉、赵海龙和张新德等，2017）。信息在金融市场中担任着十分重要的角色，引导着股票价格的运行，并进而引导着股票市场的资源配置（Grossman and Stiglitz，1980）。国内研究已经表明，高铁开通会显著影响区域经济发展、企业创新、全要素生产率与企业供应商选择（李欣泽、纪小乐和周灵灵，2017；饶品贵、王得力和李晓溪，2019；诸竹君、黄先海和王煌，2019），而股价同步性作为上市公司信息含量的直接体现，是否会受到高铁开通的影响则没有得到深入的研究。企业的信息含量与其股价同步性之间存在相关性，公司内外部之间的信息不对称程度是其股价同步性变动的重要原因（Roll，1988；Morck，Yeung and Yu，2000；Jin and Myers，2006）。然而，我国的股价同步性水平常年居高不下，在世界主要经济体中始终位于前列（游家兴，2017）。因此，探索高铁开通对股价同步性的影响具有重要的意义。

本文采用 2004～2018 年的沪深 A 股上市公司作为研究样本，研究高铁开通对上市公司股价同步性的影响。研究结果发现，高铁开通能有效降低沿线城市上市公司的股价同步性。进一步研究表明，高铁开通为分析师实地调研考察提供了便利，提高了分析师盈余预测准确度，进而降低了上市公司的股价同步性。同时，高铁开通对股价同步性的降低效应在国有企业、制造业企业、盈余管理水平较高的企业、股票换手率较低的企业以及股权集中度较高的企业中表现得更为显著。我们还采用工具变量法、安慰剂检验、进一步控制民航等宏观因素、人工匹配样本等方法进一步证明了本文研究结论的稳健性。

本文的研究贡献主要体现在以下方面。第一，探索了高铁开通在企业层面的微观影响。多数文献主要集中研究交通基础设施改善对宏观经济的影响，本文以高铁开通作为交通基础设施改善的典型代表，为我国交通基础设施建设对企业的微观影响提供了新的经验证据，对监管部门具有一定的参考作用。第二，在一定程度上缓解了股价同步性研究的内生性问题。高铁开通对于企业而言是外生事件，对比高铁开通前后的股价同步性变化，能够有效缓解内生性问题，得到较为可靠的研究结论。第三，研究了高铁开通对股价同步性影响的作用路径。本文研究发现高铁开通提高了分析师获取上市公司信息的便捷程度，提升了分析师盈余预测准确度，从而降低了上市公司的股价同步性。

二、理论分析与研究假设

自 Fogel（1962）开创性地量化分析美国铁路建设对经济增长的影响以来，交通基础设施对宏观经济的影响一直是研究焦点。交通基础设施改善最直接的影响就是缩短了区域之间的时间距离，促进区域的经济增长。王雨飞和倪鹏飞（2016）通过实证研究认为，高铁开通极大地缩短了城市之间的时间距离，提高了城市之间的可达性水平和开放程度。Li、Huang 和 Li 等（2016）也发现交通基础设施改善所带来的更加频繁和快速的流动显著改变了经济活动的空间分布。此外，我国铁路数据和地域经济数据表明交通基础设施的改善加快了中心城市区域贸易一体化和增强了经济集聚效应（刘生龙和胡鞍钢，2010；李红昌、Tjia 和胡顺香，2016；Qin，2017；刘勇政和李岩，2017）。同时，高铁开通也加剧了地区间经济发展的不平衡。Kim（2000）通过对韩国的研究发现，高速铁路的发展存在显著的溢出效应，这种效应间接地加剧了区域经济发展不平衡。Démurger（2001）考察了中国 1985～1998 年基础设施建设与 24 个省域间发展差异的关系，发现交通基础设施差异是造成省域间经济发展不均衡的主要原因。在其他宏观影响方面，基础设施投资提升了地区生产效率、就业率和全要素生产率。例如，Aschauer（1989）利用美国 1945～1985 年的基础设施投资数据，考察了基础设施投资与区域全要素生产率的关系，发现基础设施投资显著提高了全要素生产率；龙玉、赵海龙和张新德等（2017）等研究发现高速铁路通车后，风险投资对高铁沿线城市的新增投资显著增加；Donaldson 和 Hornbeck（2016）发现美国的铁路建设扩大了沿线城市的市场规模，提高了城市人口数量和就业增长率。在高铁开通的微观影响方面，高铁开通极大地降低了区域内外信息的不对称水平，同时也为外界部门的监管提供了便利，进而降低了企业股价崩盘风险（赵静、黄敬昌和刘峰，2018）；此外，高铁开通还会影响企业的供应商选择，高铁沿线城市的企业与其供应商的平均地理距离明显增加，供应商的分布也更为分散（饶品贵、王得力和李晓溪，2019）；杨青、吉赟和王亚男（2019）研究发现，高铁通车之后，分析师对沿线城市上市公司盈余预测的准确度显著提升。

然而，已有文献对高铁开通在信息披露方面影响的研究还不够深入，如对公司股价同步性的影响。股价同步性，即股价"同涨同跌"现象，反映了公司股票价格的波动与整个市场平均波动之间的关系。股价同步性越高表明公司股票价格波动与市场整体波动的趋同性越强。股票市场的信息分为公共信息和公司层面的"私人"信息（Roll，1988）。公共信息本身不会引起公司股价同步性变动，而公司层面的信息会导致公司股价同步性的变动。这意味着，外界投资者所获取的公司层面的信息越多，公司的股价波动与市场整体波动的趋同性越弱，即股价同步性越低。Wurgler（2000）

认为，股价同步性反映了公司特质信息或私有信息纳入股价的程度，股价中包含的公司特质信息越少，股价同步性越高。已有研究都是从微观影响因素的角度研究股价同步性的。Hutton、Marcus 和 Tehranian（2009）使用盈余管理作为公司信息透明度的间接衡量指标，得出了信息透明度与股价同步性负相关的结论。Gul、Kim 和 Qiu（2010）对中国样本的研究发现高质量的审计师确保了公司高质量的信息披露，同样降低了股价同步性。黄俊和郭照蕊（2014）考察了新闻媒体报道对资本市场定价效率的影响，发现随着媒体报道增多，更多公司层面信息融入股价，进而降低了股价同步性。胡军和王甄（2015）发现企业通过微博披露了大量的特质信息，因此开通微博的公司股价同步性更低。

但是宏观因素对股价同步性影响的研究在已有文献中很少涉及。高铁开通还增强了区域之间的联系，降低了沿线城市之间商品、人力资源以及资本的流动成本，从而有利于促进信息传递和沟通，有效降低上市公司的股价同步性。一方面，高铁开通对上市公司的股价同步性产生直接影响。高铁开通后，上市公司的可达性水平大幅提高。无论是投资者还是分析师都能够更加便捷地访问上市公司，可以获得更多的公司"私人"信息。对于上市公司而言，对比高铁开通之前，上市公司会披露更多的公司特质信息，从而降低上市公司的股价同步性。另一方面，高铁开通会对上市公司的股价同步性产生间接影响。已有文献研究表明，高铁开通对所经过地区的经济水平具有显著的提升作用，经济集聚效应更加明显。随着经济发展，地区市场化水平与信息透明度都会有所提高。在这样的大背景下，受大环境的影响，上市公司也会提升信息透明度，从而加强公司特质信息的披露。基于以上分析，本文提出研究假设：

H1：在其他条件相同的情况下，高铁开通将降低企业的股价同步性。

三、研究设计

（一）样本选择与数据来源

本文的研究样本为 2004 ~ 2018 年沪深 A 股上市公司，并按如下逻辑对样本进行了筛选：（1）剔除金融类公司样本；（2）剔除年度周收益率少于 30 个观测值的公司 – 年度样本；（3）剔除财务数据缺失的公司样本；（4）剔除在所在城市开通高铁之后才上市的公司样本。最后，共得到 14692 个公司 – 年度样本。为了减少异常值影响，对所有连续变量进行 1% 和 99% 的缩尾处理。本文所有高铁线路、高铁开通时间和所经城市数据来自国家铁路局网站，上市公司办公所在地地址、财务数据和股票市场数据来自 CSMAR 和 Wind 数据库，宏观层面控制变量等数据来自国家统计局网站和《中国城市统计年鉴》。

（二）变量定义

（1）关于股价同步性的衡量。本文借鉴王亚平、刘慧龙和吴联生（2009）以及 Durnev、Morck 和 Yeung 等（2003）的做法，用模型（1）对股票当年的周收益率进行回归得到拟合度 R^2，再根据模型（2）对 R^2 进行对数化处理，使其呈正态分布，最终得到的 SYN_i 即个股的股价同步性指标。

$$r_{i,t} = \beta_0 + \beta_1 r_{m,t} + \beta_2 r_{1,t} + \varepsilon_{i,t} \tag{1}$$

$$SYN_i = \ln\left(\frac{R_i^2}{1 - R_i^2}\right) \tag{2}$$

其中，$r_{i,t}$ 为第 t 周的个股收益率；$r_{m,t}$ 为第 t 周的市场收益率；$r_{1,t}$ 为第 t 周的行业收益率，是按照中国证监会行业分类标准，以公司流通市值为权重，对 $r_{i,t}$ 加权平均计算出来的指标；R_i^2 为模型（1）的拟合度。

（2）文中的解释变量为"是否开通高铁"（HSR）和"高铁开通前后"（After）的交互项。因此，对于在样本期间所在城市没有开通高铁的上市公司（控制组）而言，该交互项取值始终为 0；对于在样本期间所在城市开通高铁的上市公司（处理组）而言，在开通高铁之前该交互项取值为 0，在开通高铁之后该交互项取值为 1。

（3）其他变量。参照赵静、黄敬昌和刘峰（2018），王亚平、刘慧龙和吴联生（2009），朱红军、何贤杰和陶林（2007），伊志宏、杨圣之和陈钦源（2019）等人的研究，本文控制了一系列可能影响个股股价同步性的因素，如公司规模（Size）、资产负债率（Lev）、总资产收益率（Roa）、账面市值比（MB）、高管持股比例（Mag_shr）、上市年限（Age）等（具体见表 1）。

表 1　变量定义

变量符号	变量定义
SYN	股价同步性：取对个股收益率进行回归的拟合度 R^2，并对 R^2 进行对数化处理
After × HSR	"是否开通高铁"（HSR）和"高铁通车前后"（After）的交互项：对于在样本期间所在城市尚没有开通高铁的上市公司（控制组）而言，该交互项取值始终为 0；对于在样本期间所在城市通了高铁的上市公司（处理组）而言，在通高铁之前该交互项取值为 0，在通高铁之后该交互项取值为 1
FERR	分析师盈余预测准确度：借鉴周开国、应千伟和陈晓娴（2014）的做法，采用分析师盈余预测的绝对误差比率衡量，误差越大，准确度越低
Size	公司规模：上市公司第 t 年总资产的自然对数
Lev	资产负债率：上市公司第 t 年总资产/总负债
Roa	总资产收益率：上市公司第 t 年净利润/总资产
Age	上市年限：上市公司上市总年限取对数
Mag_shr	管理层持股：高管持股比例总和

变量符号	变量定义
Beta	β 系数:上市公司第 t 年股票价格相对于当年整个股市价格的波动情况
MB	账面市值比:上市公司第 t 年总资产/总市值
Big4	是否四大审计:若上市公司由四大审计所之一审计取值为 1,否则为 0
Dual	是否二职合一:若上市公司董事长兼 CEO 取值为 1,否则为 0
Board	董事会规模:上市公司董事会总人数取对数
Bshare	是否同时在 B 股上市:若上市公司第 t 年同时在 B 股上市取值为 1,否则为 0
Hshare	是否同时在 H 股上市:若上市公司第 t 年同时在 H 股上市取值为 1,否则为 0

（三）模型设计

高速铁路的建设与开通是国家层面的统一规划,不受企业层面的自身决策的影响,因此对于企业股价同步性而言,高铁开通这一外部冲击事件可以作为"准自然实验"。参照饶品贵、王得力和李晓溪（2019）以及杨青、吉赟和王亚男（2019）等人的做法,本文采用渐进双重差分法来研究高铁开通对沿线城市上市公司股价同步性的影响,并构建模型:

$$SYN_{i,t} = \alpha + \beta_1 After_{i,t} \times HSR_{i,t} + \beta_2 Control_{i,t} + \gamma + \delta + \theta + \varepsilon_{i,t} \tag{3}$$

模型（3）中,γ 为年度固定效应;δ 为行业固定效应;θ 为公司固定效应。本文主要关注 $After \times HSR$ 的回归系数 β_1,它衡量的是高铁开通前后企业股价同步性的变化。如果 β_1 显著为负,则说明高铁开通有助于降低企业的股价同步性,缓解我国股市股价同涨同跌的现象,降低金融市场整体风险。

四、实证结果分析

（一）描述性统计结果

表 2 中 Panel A 列示了本文主要变量的描述性统计结果。可以看出,被解释变量 SYN 的均值为 -0.290,标准差为 0.889,说明上市公司之间股价同步性差异较大,这一数据与以往文献基本一致。被解释变量 $After \times HSR$ 的均值为 0.575,表明本文有 57.5% 的样本为高铁开通以后年度的样本,这一比例高于以往学者的研究,因为本文的研究期间为 2004 ~ 2018 年,而这一期间有大量高铁通车。Panel B 列示了对被解释变量 SYN 的均值差异检验以及中位数差异检验结果。结果显示,高铁开通以后,沿线城市上市公司的股价同步性的均值和中位数都得到了显著降低,这一结果支持本文的假设。

表 2　主要变量描述性统计分析

Panel A:描述性统计						
变量	样本量（个）	均值	标准差	P25	中位数	P75
SYN	14692	− 0.290	0.889	− 0.815	− 0.199	0.330
After × HSR	14692	0.575	0.494	0	1	1
FERR	14692	2.183	5.191	0.161	0.531	1.653
Size	14692	22.425	1.250	21.567	22.275	23.148
Lev	14692	0.502	0.195	0.361	0.509	0.648
Roa	14692	0.039	0.059	0.013	0.034	0.064
Age	14692	2.544	0.394	2.197	2.565	2.890
Mag_shr	14692	0.033	0.096	0.000	0.000	0.002
Beta	14692	1.082	0.249	0.929	1.088	1.234
MB	14692	0.649	0.250	0.454	0.656	0.854
Big4	14692	0.078	0.268	0.000	0.000	0.000
Dual	14692	0.161	0.368	0.000	0.000	0.000
Board	14692	2.185	0.203	2.079	2.197	2.197
Bshare	14692	0.050	0.217	0.000	0.000	0.000
Hshare	14692	0.039	0.194	0.000	0.000	0.000
Panel B:差异检验						
项目	After × HSR = 0		After × HSR = 1		差异检验	
均值差异	− 0.225		− 0.337		0.112 ***	T = 7.697
中位数差异	− 0.168		− 0.232		0.064 ***	Z = 5.743

注：*** 表示在 1% 的水平上显著。

（二）基准回归结果

表 3 列示了本文的基准回归结果，即高铁开通对上市公司股价同步性影响的回归结果。表 3 中第（1）列显示的是单变量回归结果；第（2）列加入了公司层面的控制变量；第（3）列进一步增加了年度固定效应、行业固定效应以及公司固定效应，使得结果更为稳健可靠。以第（3）列为例，在控制了一系列因素以后，After × HSR 的系数为 − 0.055，且在 5% 的水平上显著，说明对于开通高铁的城市而言，高铁开通降低了上市公司的股价同步性。原因可能是高铁开通缩短了地区之间的时间距离，增强了信息的可获得性，降低了信息不对称程度，进而降低了企业的股价同步性，证实了本文假设。

表 3　高铁开通与股价同步性（SYN）

变量	（1）	（2）	（3）
After × HSR	− 0.112 ***	− 0.111 ***	− 0.055 **
	（− 7.597）	（− 7.324）	（− 2.505）
Size		0.041 ***	− 0.036 **
		（5.176）	（− 2.076）

续表

变量	(1)	(2)	(3)
Lev		− 0. 506 *** (− 11. 916)	− 0. 500 *** (− 8. 009)
Roa		0. 241 * (1. 816)	− 0. 225 (− 1. 608)
Age		− 0. 076 *** (− 3. 864)	0. 049 (0. 587)
Mag_shr		− 0. 485 *** (− 6. 106)	− 0. 263 (− 1. 621)
Beta		1. 074 *** (38. 923)	1. 080 *** (37. 111)
MB		0. 636 *** (18. 156)	1. 259 *** (23. 536)
Big4		− 0. 043 (− 1. 451)	− 0. 014 (− 0. 292)
Dual		− 0. 001 (− 0. 050)	0. 019 (0. 831)
Board		0. 191 *** (5. 421)	0. 224 *** (4. 132)
Bshare		− 0. 057 * (− 1. 741)	− 0. 876 (− 0. 875)
Hshare		− 0. 016 (− 0. 408)	1. 065 (1. 179)
Constant	− 0. 225 *** (− 20. 036)	− 2. 680 *** (− 15. 969)	− 2. 527 *** (− 2. 676)
年度固定效应	未控制	未控制	已控制
行业固定效应	未控制	未控制	已控制
公司固定效应	未控制	未控制	已控制
N(个)	14692	14692	14692
调整 R^2	0. 004	0. 141	0. 532

注：括号里为 t 值，*、**、*** 分别表示在 10%、5%、1% 的水平上显著；余同。

（三）分组回归结果

高铁开通对上市公司股价同步性的影响程度，可能取决于上市公司信息被外界获取的难易程度，因而受到企业特征的影响。具体而言，在盈余管理水平较高的企业、股权集中度较高的企业、股票换手率较高的企业、制造业企业以及国有企业中，信息不对称程度较高。因此，高铁开通对这类上市公司股价同步性的降低效应可能更加明显。分组分析的结果如表 4 所示，其中盈余管理水平、股权集中度和股票换手率分组结果在 Panel A 中，企业产权性质和行业性质分组结果在 Panel B 中；分析中还控制了年度、行业和公司固定效应，以及其他控制变量的影响（未在表中列示）。

表 4　高铁开通与股价同步性（SYN）的组间分析

	Panel A:盈余管理水平、股权集中度和股票换手率分组					
变量	盈余管理水平		股权集中度		股票换手率	
	较高	较低	较高	较低	较低	较高
After × HSR	− 0.059 * （− 1.710）	− 0.037 （− 1.088）	− 0.094 *** （− 2.708）	− 0.051 （− 1.644）	− 0.064 * （− 1.857）	− 0.009 （− 0.294）
N（个）	7331	7361	7347	7345	7347	7345
调整 R^2	0.598	0.590	0.561	0.574	0.618	0.619

	Panel B:产权性质和行业性质分组			
变量	产权性质		行业性质	
	国有企业	非国有企业	制造业	非制造业
After × HSR	− 0.060 ** （− 2.188）	− 0.052 （− 1.367）	− 0.057 ** （− 2.075）	− 0.056 （− 1.458）
N（个）	8624	6068	8945	5747
调整 R^2	0.506	0.569	0.542	0.547

（1）盈余管理水平。会计盈余是企业最为重要的信息，盈余管理隐藏了企业真实的盈余水平。企业盈余管理水平与其信息质量存在关联性（王亚平、刘慧龙和吴联生，2009）。盈余管理水平较高的企业存在较高的信息不对称程度，因此高铁开通对这一类企业的股价同步性具有更显著的降低作用。Panel A 中的结果显示，在盈余管理水平较高的企业中，After × HSR 的系数在 10% 的水平上显著为负，说明高铁开通能促进盈余管理水平较高企业的信息流通，降低股价同步性。

（2）股权集中度。由于存在利己动机，大股东利用"一股独大"的机会，可能做出"报喜不报忧"的消息管理行为（Ball，2009）。股权集中度较高的企业，对消息的隐瞒程度也更高。因此，高铁的开通所带来的信息流动将破除高股权集中度企业的坏消息隐藏。所以本文认为，高铁开通对股价同步性的影响在股权集中度较高的企业中更明显。Panel A 中的结果显示，股权集中度较高的组中 After × HSR 的系数在 1% 的水平上显著为负，与本文预期设想一致。

（3）股票换手率。严重的信息不对称会给投资者带来较高的逆向选择成本，投资者为降低交易成本倾向于交易熟悉的股票（Easley，Kiefer and O'hara et al.，1996）。因此对于个股而言，股票换手率越高表明企业内部信息越为投资者所熟悉。由此，本文预测相对于股票换手率较高的企业，股票换手率较低的企业的股价同步性受到高铁开通的影响更明显。Panel A 中的结果显示，在股票换手率较低的样本中，After × HSR 的系数在 10% 的水平上显著为负，说明高铁开通对上市公司股价同步性的影响主要体现在股票换手率低的企业。

（4）产权性质。国有企业由于国家所有制下的委托代理问题和预算软约束，很容易就能得到银行贷款与政府拨款（刘瑞明和石磊，2010）。因此国有企业没有动力去提高生产效率，也没有动力主动向外披露大量私有信息。本文认为，相对于民营企业，国有企业拥有较差的信息环境，所以高铁开通对国有企业股价同步性的影响将更显著。Panel B 中的结果表明，在国有企业样本中，$After \times HSR$ 的系数在 5% 的水平上显著为负，与文章预期相一致。

（5）行业性质。根据刘秉镰和刘玉海（2011）的研究，由于对物流供应等方面的严格要求，制造业企业对交通基础设施的依赖性强于非制造业企业。因此本文认为，高铁开通对企业股价同步性的降低效应在制造业企业中更显著。Panel B 中的结果显示，在制造业企业样本中，$After \times HSR$ 的系数在 5% 的水平上显著为负，而在非制造业企业样本中不显著，这意味着高铁开通对股价同步性的影响主要见诸制造业企业中。

（四）影响机制分析

前文的理论分析部分已指出，高铁开通通过促进区域之间的信息流动，降低沿线城市上市公司的内外信息不对称水平，进而降低上市公司的股价同步性。分析师对上市公司信息的获取，尤其是对特有信息的获取，十分依赖他们和上市公司之间的时间距离。地理距离影响着各类外界投资者与上市公司私下接触的频率，进而影响了交易决策中的信息含量（Agarwal and Hauswald，2010）。高铁的开通缩短了外地分析师与上市公司之间的时间距离，减少了分析师和上市公司的交流成本，使分析师获取了更多的特有信息，有助于提高分析师的盈余预测准确度，进而降低股价同步性。本文参照伊志宏、杨圣之和陈钦源（2019）以及周开国、应千伟和陈晓娴（2014）等人的研究，用分析师盈余预测准确度（$FERR$）作为上市公司信息不对称程度的替代变量，研究高铁开通对股价同步性的影响机制。$FERR$ 越大，预测准确度越低，信息不对称水平越高。计算公式为：

$$FERR = | AEPS - FPS | / | AEPS |$$

其中 $AEPS$ 为公司实际每股盈余，FPS 为分析师预测的每股盈余。

本文在模型（3）的基础上增加了 $FERR$ 与 $After \times HSR$ 的交互项，回归结果列示在表 5。第（1）列为单变量回归结果，第（2）列增加了控制变量，第（3）列进一步控制了行业固定效应、年度固定效应以及公司固定效应。以第（3）列为例，$FERR$ 的系数为 0.004，且在 5% 的水平上显著，说明分析师预测准确度越低即企业信息不对成程度越高，股价同步性越高；交互项 $After \times HSR \times FERR$ 的系数为 -0.007，且在 1% 的水平上显著，说明高铁开通通过提高分析师盈余预测准确度，降低了上市公司的股价同步性，符合本文预期假设。

表 5　分析师盈余预测准确度、高铁开通与股价同步性

变量	（1）	（2）	（3）
After × HSR	− 0.089 ***	− 0.097 ***	− 0.039 *
	（− 5.536）	（− 5.939）	（− 1.704）
FERR	0.005 **	0.000	0.004 **
	（2.126）	（0.246）	（2.288）
After × HSR × FERR	− 0.011 ***	− 0.006 **	− 0.007 ***
	（− 3.819）	（− 2.284）	（− 3.105）
其他变量	未控制	已控制	已控制
年度固定效应	未控制	未控制	已控制
行业固定效应	未控制	未控制	已控制
公司固定效应	未控制	未控制	已控制
N（个）	14692	14692	14692
调整 R^2	0.005	0.142	0.533

五、稳健性检验

（一）匹配样本

　　为了进一步保证处理组与控制组具有相同的特征，本文对公司 - 年度样本进行了人工匹配，形成了更为合理的处理组与控制组样本。匹配标准为：同一行业同一年度资产规模接近的企业，具体地，相对于控制组任一企业样本，处理组必存在与之处于同一行业同一年度且资产规模相接近的企业样本。最终，本文得到 7134 个公司 - 年度样本。表 6 中第（1）～（3）列的回归结果表明，高铁开通显著降低了沿线城市上市公司的股价同步性，说明本文研究结论是稳健可靠的。分析中还控制了年度、行业和公司固定效应，以及其他控制变量的影响（未在表中列示，下文相同）。

表 6　稳健性检验

变量	匹配样本			剔除省会/首府城市、直辖市			安慰剂检验	
	（1）	（2）	（3）	（4）	（5）	（6）	（7）	（8）
After × HSR	− 0.133 ***	− 0.101 ***	− 0.056 *	− 0.137 ***	− 0.107 ***	− 0.054 *	− 0.001	− 0.004
	（− 5.966）	（− 4.378）	（− 1.830）	（− 7.325）	（− 5.707）	（− 1.868）	（− 0.052）	（− 0.132）
N（个）	7134	7134	7134	9748	9748	9748	14692	14692
调整 R^2	0.005	0.150	0.552	0.005	0.129	0.525	0.532	0.532

（二）替换股价同步性指标

　　为了使文章的结论更为可靠，本文借鉴伊志宏、杨圣之和陈钦源（2019）的研究，

以考虑现金红利再投资的周收益率为基础重新计算企业的股价同步性指标 *SYN*，回归结果表明（未列示），高铁开通降低了上市公司股价同步性水平，进一步证实了本文的结论。

（三）剔除省会城市、直辖市

由于省会/首府城市、直辖市本身金融发展水平更高，会受到更多政治经济因素的影响。此外，省会/首府城市、直辖市更可能是高铁的起点城市，而高铁的起点城市可能就是高铁建设的决策者，这使得高铁开通存在内生性。因此本文进一步剔除了省会/首府城市、直辖市的样本，结果如表 6 中第（4）～（6）列所示，与本文结论仍然相一致。

（四）安慰剂检验

本文参考饶品贵、王得力和李晓溪（2019）的方法，以高铁实际开通年度之前的第三年和第四年分别虚拟了一个高铁开通的伪时间点。如果高铁开通对沿线城市上市公司的股价同步性确实存在因果影响，那么在高铁实际尚未开通时应该观测不到股价同步性的变化。表 6 第（7）列和第（8）列分别为高铁开通前第四年（*BeforeHSR* − 4）、第三年（*BeforeHSR* − 3）时间点回归结果，结果表明 *After* × *HSR* 的系数均不存在显著性。说明本文的主要回归结果并不是对随时间变化而导致的安慰剂效应的反应。

（五）工具变量回归

为了进一步缓解文章的内生性问题，本文参考李欣泽、纪小乐和周灵灵（2017）的研究，以上市公司所在地级市平均地理坡度（*Slope*）构造了"上市公司所在地级市是否开通高铁"这一工具变量，采用两阶段最小二乘法进行检验（为了节省篇幅结果未列示）。第一阶段将上市公司是否开通高铁（*After* × *HSR*）对工具变量进行回归，预测出上市公司所在地级市开通高铁的概率。第二阶段则列示了上市公司所在地级市高铁通车概率与股价同步性的回归结果，*After* × *HSR_Slope* 的系数在 5% 的水平上显著为负，说明高铁开通确实降低了沿线城市上市公司的股价同步性。

（六）增加控制变量

本文研究的出发点是高铁开通降低了企业的信息不对称程度，进而降低了股价同步性。而信息不对称还受到宏观层面因素的影响。因此，为了进一步验证结论的稳健性，本文控制了是否开通航班（*Air*）、地级市人均 GDP（*perGDP*）、是否沿海城市（*Sea*）、互联网普及率（*Net*）等宏观因素，结果表明本文的主要结论不变。

六、结论与启示

本文以 2004～2018 年沪深 A 股上市公司作为研究样本，采用双重差分法研究了高铁开通对沿线城市上市公司股价同步性的影响。研究发现，高铁开通显著降低了沿线城市上市公司的股价同步性，并且这一效应存在于国有企业、制造业企业、盈余管理水平较高的企业、股票换手率较低的企业以及股权集中度较高的企业中。研究还发现，高铁开通提高了分析师对沿线城市上市公司的盈余预测准确度，进而降低了股价同步性。研究结论显示，交通基础设施的改善，能有效促进信息的交流，降低上市公司内外部的信息不对称程度，有效缓解我国股价"同涨同跌"的问题。

　　本文以高铁开通作为交通基础设施改善的典型代表，为我国交通基础设施建设对资本市场的微观影响提供了新的经验证据，对政策制定者及市场投资者具有一定的参考作用。本文得到以下两个方面政策启示。一方面，加快交通基础设施建设。大量文献已经证明交通基础设施的改善有助于推动宏观经济增长，近期的文献也开始揭示交通基础设施的改善对企业的微观作用，对政府制定政策具有重要的指导意义。党的十九大报告中提出建设"交通强国"，我国还需进一步加快高铁等交通基础设施建设，促进人才、资本、资金等资源的跨区域流动，从而促进市场的一体化、提高经济市场化水平，更好地发挥市场在资源配置中的基础性功能。另一方面，提高信息监管水平，进一步降低我国股价同步性水平。我国的股价同步性水平常年位居世界前列，股票市场存在巨大的系统性风险。这说明我国在信息监管、市场监督等方面还有所欠缺。因此，政府部门应进一步深化改革，提高市场监管水平，进一步降低我国上市公司的股价同步性。

参考文献

胡军，王甄. 2015. 微博、特质性信息披露与股价同步性. 金融研究，11：190 – 206.

黄俊，郭照蕊. 2014. 新闻媒体报道与资本市场定价效率——基于股价同步性的分析. 管理世界，5：121 – 130.

李红昌，Linda Tjia，胡顺香. 2016. 中国高速铁路对沿线城市经济集聚与均等化的影响. 数量经济技术经济研究，33（11）：127 – 143.

李欣泽，纪小乐，周灵灵. 2017. 高铁能改善企业资源配置吗？——来自中国工业企业数据库和高铁地理数据的微观证据. 经济评论，6：3 – 21.

刘秉镰，刘玉海. 2011. 交通基础设施建设与中国制造业企业库存成本降低. 中国工业经济，5：69 – 79.

刘瑞明，石磊. 2010. 国有企业的双重效率损失与经济增长. 经济研究，45（1）：127 – 137.

刘生龙，胡鞍钢. 2010. 交通基础设施与经济增长：中国区域差距的视角. 中国工业经济，4：14 – 23.

刘勇政，李岩. 2017. 中国的高速铁路建设与城市经济增长. 金融研究，11：18 – 33.

龙玉，赵海龙，张新德，李曜. 2017. 时空压缩下的风险投资——高铁通车与风险投资区域变化. 经济研究，4：195 - 208.

饶品贵，王得力，李晓溪. 2019. 高铁开通与供应商分布决策. 中国工业经济，10：137 - 154.

王亚平，刘慧龙，吴联生. 2009. 信息透明度、机构投资者与股价同步性. 金融研究，12：162 - 174.

王雨飞，倪鹏飞. 2016. 高速铁路影响下的经济增长溢出与区域空间优化. 中国工业经济，2：21 - 36.

杨青，吉赟，王亚男. 2019. 高铁能提升分析师盈余预测的准确度吗？——来自上市公司的证据. 金融研究，3：168 - 188.

伊志宏，杨圣之，陈钦源. 2019. 分析师能降低股价同步性吗——基于研究报告文本分析的实证研究. 中国工业经济，1：156 - 173.

游家兴. 2017. R^2 的复活——股价同步性研究评述与展望. 管理科学学报，20（3）：63 - 79.

张学良. 2012. 中国交通基础设施促进了区域经济增长吗——兼论交通基础设施的空间溢出效应. 中国社会科学，3：60 - 77.

赵静，黄敬昌，刘峰. 2018. 高铁开通与股价崩盘风险. 管理世界，34（1）：157 - 168.

周开国，应千伟，陈晓娴. 2014. 媒体关注度、分析师关注度与盈余预测准确度. 金融研究，2：139 - 152.

朱红军，何贤杰，陶林. 2007. 中国的证券分析师能够提高资本市场的效率吗——基于股价同步性和股价信息含量的经验证据. 金融研究，2：110 - 121.

诸竹君，黄先海，王煌. 2019. 交通基础设施改善促进了企业创新吗？——基于高铁开通的准自然实验. 金融研究，11：153 - 169.

Agarwal, S., and R. Hauswald. 2010. Distance and private information in lending. *The Review of Financial Studies*, 23（7）：2757 - 2788.

Aschauer, D. A. 1989. Is public expenditure productive?. *Journal of Monetary Economics*, 23（2）：177 - 200.

Ball, R. 2009. Market and political regulatory perspectives on the recent accounting scandals. *Journal of Accounting Research*, 47：277 - 323.

Démurger, S. 2001. Infrastructure development and economic growth：An explanation for regional disparities in China?. *Journal of Comparative Economics*, 29（1）：95 - 117.

Donaldson, D., and R. Hornbeck. 2016. Railroads and American economic growth：A "market access" approach. *Quaterly Journal of Economics*, 131（2）：799 - 858.

Durnev, A., R. Morck, B. Yeung, and P. Zarowin. 2003. Does greater firm-specific return variation mean more or less informed stock pricing?. *Journal of Accounting Research*, 41：797 - 836.

Easley, D., N. M. Kiefer, M. O'hara, and J. B. Paperman. 1996. Liquidity, information, and infrequently traded stocks. *The Journal of Finance*, 51（4）：1405 - 1436.

Fogel, R. W. 1962. A quantitative approach to the study of railroads in American economic growth：A report of some preliminary findings. *Journal of Economic History*, 22（2）：163 - 197.

Grossman, S. J., and J. E. Stiglitz. 1980. On the impossibility of informationally efficient market. *The American Economic Review*, 70（3）：393 - 408.

Gul, F. A., J. B. Kim, and A. A. Qiu. 2010. Ownership concentration, foreign shareholding, audit quality, and stock price synchronicity：Evidence from China. *Journal of Financial Economics*, 95

（3）：425 – 442.

Hutton, A. P. , A. J. Marcus, and H. Tehranian. 2009. Opaque financial reports, R^2, and crash risk. *Journal of Financial Economics*, 94：67 – 86.

Jin, L. , and S. C. Myers. 2006. R^2 around the world：New theory and new tests. *Journal of Financial Economics*, 79：257 – 292.

Kim, K. S. 2000. High-speed rail developments and spatial restructuring：A case study of the capital region in South Korea. *Cities*, 17（4）：251 – 262.

Li, X. J. , B. Huang, R. R. Li, and Y. P. Zhang. 2016. Exploring the impact of high speed railways on the spatial redistribution of economic activities—Yangtze River Delta urban agglomeration as a case study. *Journal of Transport Geography*, 57：194 – 206.

Morck, R. , B. Yeung, and W. Yu. 2000. The information content of stock markets：Why do emerging markets have synchronous stock price movements?. *Journal of Financial Economics*, 58：215 – 260.

Qin, Yu. 2017. No county left behind? The distributional impact of high-speed rail upgrades in China. *Journal of Economic Geography*, 17（3）：489 – 520.

Roll, R. 1988. R^2. *The Journal of Finance*, 43：541 – 566.

Wurgler, J. 2000. Financial markets and the allocation of capital. *Journal of Financial Economics*, 58（1 – 2）：187 – 214.

Zheng, S. Q. , and E. M. Kahn. 2013. China's bullet trains facilitate market integration and mitigate the cost of megacity growth. *Proceedings of the National Academy of Sciences of the United States of America*, 110（14）：1248 – 1253.

Can the Opening of High-speed Rail Reduce the Stock Price Synchronicity?

Sheng Yao, Zhiwei Zheng

Abstract：Using the opening of high-speed rail（HSR）as an exogenous shock to measure the sudden decrease of information asymmetry. This study try to investigate the impact of HSR opening on stock price synchronicity. We collect the data from 322 regions and cities in China from 2004 to 2018, Based on the DID model, we find that the opening of the HSR can significantly reduce the stock price synchronicity of listed companies along the route. Further research has found that the opening of the HSR reduces the stock price synchronicity by improving the analysts'earnings prediction accuracy. In addition, the impact of the opening of HSR on the synchronization of stock prices is heterogeneous, and the impact is mainly reflected in state-owned companies, manufacturing companies, companies with high earnings management levels, companies with low stock turnover rates, and companies with high equity concentration. Finally, after the placebo test, instrumental variable test, changing the measurements for main variables, controlling civil aviation and so on, the above conclusions are still robust.

Keywords: High-speed Rail; Information Asymmetry; Stock Price Synchronicity; Analysts

第 20 卷，第 1 辑，2021 年
Vol. 20，No. 1，2021

会 计 论 坛
Accounting Forum

分析师关注的盈余管理治理作用[*]
——分析师声誉和内部控制质量的调节效应

左志刚　　石方志

【摘　要】分析师的外部治理对证券市场的有效运行有重要意义，有研究指出分析师的外部治理存在局限性，本文针对此问题，从分析师声誉机制、企业内部环境改善两个渠道探讨了加强分析师外部治理有效性的可能。实证结果显示，我国证券市场分析师关注能够抑制企业应计盈余管理，但刺激更隐蔽的真实盈余管理；单纯通过分析师声誉机制不能缓解盈余管理问题，明星分析师关注会强化企业以真实盈余管理替代应计盈余管理的倾向；而内部环境改善有利于该问题的解决，它通过降低关注成本等机制发挥影响，在内部控制达到特定水平后，分析师关注将减少真实盈余管理而不是刺激真实盈余管理，这意味着企业内部控制与分析师外部治理存在协同效应。

【关键词】分析师关注；盈余管理；分析师声誉；内部控制质量

一、引言

近年来，分析师关注对上市公司的治理越来越受到重视，其根源来自分析师在降

收稿日期：2020 – 10 – 10

基金项目：广东省社会科学基金项目（GD19CYJ05）；广东省软科学项目（2019B101001018）

作者简介：左志刚，男，广东外语外贸大学会计学院教授，zuo_ zhigang@163.com；石方志，女，安永华明会计师事务所深圳分所。

＊ 作者感谢匿名评审专家对本文的宝贵意见，但文责自负。

低市场信息不对称方面的信息中介作用。但对分析师关注的实际治理效果存在不同认识，一些认为分析师关注能够减少企业盈余管理行为（Chung and Jo，1996），另一些认为分析师关注刺激企业进行更多的盈余管理（Dhaliwal，Gleason and Mills，2004），或者以一种盈余管理方式替代另一种盈余管理方式（Zang，2012；Irani and Oesch，2016；李春涛、赵一和徐欣等，2016），企业的应计盈余管理行为会因为分析师关注而减少，但真实盈余管理行为增加，这意味着分析师关注的治理存在局限性。

能否借助某种渠道缓解甚至克服分析师治理的局限性？本文拟从主客体两个方面进行探索。主体方面是分析师自身专业能力建设问题。现有研究在考察分析师外部治理时多将分析师同质看待，而现实中分析师之间差异明显。能力更强、影响力更大的分析师是否能够更好地发挥治理作用？如果是，则可以通过对分析师队伍的评价、筛选等管理措施即声誉机制来解决问题。客体方面是目标企业内部环境改善问题。公司信息披露是分析师的基本信息来源，企业内部控制质量直接影响对分析师的信息供给，也影响对分析师关注的反应。尚不清楚的是，内部控制与分析师外部治理之间是协同关系还是完全替代关系？如果是协同关系，则意味着应共同推动两种治理机制建设；如果是完全替代关系，则否定了分析师的治理作用。

为回答上述问题，本文基于我国沪深两市 A 股上市企业 2007～2017 年的数据进行了实证研究。本文研究的主要贡献在于检验了主客体因素对分析师治理有效性的影响，回答了克服分析师治理局限性的有效路径问题，即：不能单纯依靠分析师队伍的自身建设，需要有企业内部环境改善的配合。实证表明企业内部控制质量提高后，分析师关注对应计盈余管理的抑制作用增强，同时企业以真实盈余管理替代应计盈余管理的发生率也得到降低。本文研究在理论上拓展了分析师治理效应决定机理分析，在实践上为完善我国资本市场的市场化监管机制提供了有益参考。

二、文献综述

（一）分析师关注对盈余管理的外部治理效应

1. 分析师外部治理效应的产生

证券市场中，分析师的信息中介作用已得到较多研究，普遍认为分析师扮演着企业和利益相关者之间的信息中介角色，能够向市场提供增量信息（谢玲玲，2020），提高股价的信息含量（Liu，2011），股价同步性问题因此得到缓解，企业因信息不够透明而出现股价暴跌的现象减少（潘越、戴亦一和林超群，2016）。分析师借助信息中介功能，使自身具备了一定的外部治理作用。Jensen 和 Meckling（1979）最早提出分析师是重要的外部治理力量观点，他们认为分析师的行为能够降低由于两权分离而形成的代理成本。进一步研究发现企业价值的提高与分析师关注减少了管理层机会主义行为有关；分析师关注促使股东及时发现管理层的一些不当行为，降低两类代理成本（谭雪，2016），有效减少企业过度投资，提高企业信息透明度（张宗新和周嘉嘉，2019）。

2. 分析师关注对企业盈余管理的治理效应

盈余管理是分析师关注的治理对象之一，也是财会领域研究的热点课题。现有文献多集中于对企业盈余管理影响因素的研究。在外部影响因素中，学者们讨论了分析师关注、审计师监督、媒体关注、制度环境和经济周期等方面；在内部影响因素中，讨论了企业内部控制、企业战略、高管薪酬、管理层权力和高管异质性等。按 Francis、Schipper 和 Vincent（2002）的定义，盈余管理是企业管理层有目的地控制企业的对外财务报告的行为。管理层进行盈余管理通常有三大动机：契约动机（Healy，1985）、资本市场动机（陈小悦、肖星和过晓艳，2000）和政治成本动机（陈德球和陈运森，2018）。盈余管理实现的方式主要是会计操作（应计盈余管理）和构建真实交易（真实盈余管理）（Healy and Palepu，2001），应计盈余管理手段有操纵收入、费用确认和资产减值政策选择等，真实盈余管理手段有操控销售、减少酌量费用支出、将长期资产出售和过量生产等。

在分析师关注对企业盈余管理的治理领域，目前文献的结论并不一致，这种不一致在一定程度上与分析师治理的局限性有关。（1）一类文献指出分析师关注能对企业盈余管理行为起到监督作用，抑制企业盈余管理。例如，基于美国样本（Yu，2008）、中国样本（李春涛、宋敏和张璇，2014；张宗新和周嘉嘉，2019）的实证发现受分析师关注越多，企业应计盈余管理水平越低。但考虑资本市场发达程度、企业异质性和产权性质差异等因素后，分析师关注对盈余管理的治理效果存在差异，在经济发达国家（Degeorge，Ding and Jeanjean et al.，2013）、非国有企业（叶陈刚和刘猛，2018），分析师关注可显著降低公司盈余管理水平。此外，吴武清和万嘉澄（2018）通过构建分析师跟踪强度指标同样验证了监督效应。（2）另一类文献指出分析师关注会增加企业业绩压力，刺激更多企业盈余管理（Burgstahler and Dichev，1997）。例如，管理层会操纵所得税费用实现盈余管理，缩小与分析师预测的差距（Dhaliwal，Gleason and Mills，2004），目的在于稳定股票价格以避免企业价值减损（Irani and Oesch，2016）或增加自身薪酬等（He and Tian，2013；谢震和熊金武，2014）。Chapman 和 Green（2018）从信息披露角度的研究也发现管理者倾向于迎合分析师，影响盈余公告内容。（3）还有一类文献认为分析师关注会导致企业盈余管理方式的变化。例如，Irani 和 Oesch（2016）发现企业应计盈余管理行为会因分析师关注而减少，而真实盈余管理行为会增加，意味着分析师不能对企业真实盈余管理起到监督作用（Sun and Liu，2016）；国内文献也有类似结论，指出存在"按下葫芦浮起瓢"的现象（李春涛、赵一和徐欣等，2016；叶陈刚和刘猛，2018）。但也有文献对此持相反意见，认为相较于应计盈余管理仅改变各期盈余分配，真实盈余管理涉及业务操控或虚构，成本和风险更高，破坏性更大，会受到分析师更多关注，因此在分析师关注压力下以真实盈余管理替代应计盈余管理的可能性不大（何雪锋、张珑姣和王悠，2017）。

（二）影响分析师外部治理作用的相关因素

1. 分析师声誉

分析师声誉是市场投资者对分析师的评价和认可程度。现有文献普遍认为分析师声誉较高，意味着他从业经验更为丰富，能对市场产生更大影响（张宗新和杨万成，2016）。这种较大的市场影响也会作用到对企业盈余管理的治理上。例如，有文献认为声誉高的分析师更能抑制公司的应计盈余管理行为（袁振超和张路，2013）。但目前还缺乏对分析师声誉在其盈余管理治理中具体作用机理的深入研究，尤其是考虑到目前文献对分析师的声誉动机有不同认识，一些学者认为分析师会为了维持其声誉，会约束自身的机会主义行为（Feng，Li and McVay，2009），另一些学者认为分析师存在声誉兑现动机（胡娜、郑晓薇和周铭山，2014），或为维护自己声誉而迎合其他分析师判断的动机（游家兴、邱世远和刘淳，2013）。基于这种不确定性，分析师声誉对其外部治理作用的实际影响还有待进一步检验。

2. 企业内部控制质量

现有文献关注了内部控制质量对企业盈余管理的影响，但局限于内部视角，未考虑它对其他治理机制的外溢影响。一般认为内部控制质量提高能够降低操纵性应计盈余（Doyle，Ge and McVay，2007；Cohen，Dey and Lys，2008）；对真实盈余管理或整体盈余管理也存在一定的抑制作用（胡明霞，2018）。有研究认为加强企业的内部控制，可以通过改善企业会计信息质量，约束管理者进行盈余操纵（Altamuro and Beatty，2010），或增强会计信息可比性（王迪、鲁威朝和杨道广，2019）。但实证方面存在相冲突的结论。例如，基于 2008～2009 年 A 股上市公司数据的研究认为内部控制能够抑制应计盈余管理行为，但对真实盈余管理的作用很小（范经华、张雅曼和刘启亮，2013）；而基于 2012～2015 年我国 A 股上市公司数据则发现内部控制缺陷与真实盈余管理存在正相关关系，即增强内部控制有效性能够抑制真实盈余管理（吴勇、陈若旸和朱卫东，2018）。这种随样本时间不同而出现的结论差异实际上提示我们在讨论内部控制的治理作用时，需要兼顾外部治理机制的影响，这也成为本文考察内外部治理机制相互影响的动因。

总体来看，证券市场中分析师存在外部治理作用已获得较广泛的认同，但对其实际治理效果的研究结论还存在分歧，提示了其治理可能存在局限性并受多种因素影响，其中，声誉机制的影响研究还不深入，内部控制机制在这方面的外溢影响则完全未得到考察。本文试图将两类因素结合起来，探讨主体条件改善——分析师声誉提高、客体条件改善——企业内部控制质量提高对克服分析师盈余管理治理局限性的可能。

三、理论分析与研究假设的提出

（一）分析师关注与企业盈余管理的基本关系

分析师关注对盈余管理的外部治理作用建立在证券市场有效性理论（Efficient Market Hypothesis，EMH）基础上。EMH 指出现实中证券市场都是弱有效性或半强有效性，因此分析师加工的信息具有额外价值，能够帮助利益相关者更好决策，这种机制进而反馈到企业管理层，影响管理层行为，从而产生外部治理作用，这种治理作用存在双重效应。

（1）监督效应。分析师对企业信息的解读和加工，对企业股票的评级和预测，能够使企业股价中的信息含量变多（Ayers and Freeman，2003），使资本市场更加有效。分析师通过各种渠道获得私有信息，收集、整理和解读上市公司的信息，还能使管理层和股东之间的信息不对称问题在一定程度上得到缓解（潘越、戴亦一和林超群，2016），分析师对私有信息的加工和发布使市场信息总量增加。因此，分析师关注越多，越能缓解信息不对称问题，越有助于降低股东和债权人等利益相关者的监督成本，产生监督效应，对管理层机会主义行为形成约束，其中包括对管理层盈余管理行为的治理。

（2）盈余压力效应。分析师对企业的盈利预测往往受到投资者重视，成为市场普遍预期（曹胜，2010），未达到分析师盈利预测的企业会使投资者感到失望，股价下跌（Brown and Caylor，2005），而管理层利益与股价高低密切相关，未达到分析师盈利预测水平会使管理层面临减薪甚至被解雇的风险。因此，管理层面对分析师关注形成的压力，存在迎合分析师预测进行盈余管理的动机。尤其是，在我国资本市场相对不成熟的条件下，管理层可能存在更多机会主义行为，迎合分析师的盈利预测而进行盈余管理，即盈余压力效应。

双重效应可能导致分析师治理存在局限性。由于双重效应的存在，分析师关注的增多并不会线性地减少企业盈余管理，企业通常的倾向是，如果实施一种类型盈余管理的风险增加，就会减少这种盈余管理转向其他形式的盈余管理（龚启辉、吴联生和王亚平，2015）。因此，当分析师扮演外部治理角色时，真实盈余管理和应计盈余管理可能存在替代关系，企业的盈余管理会更多地向不易识别的真实盈余管理转移，故提出假设 H1：

H1：分析师关注程度与企业应计盈余管理程度负相关，与企业真实盈余管理正相关。

（二）分析师声誉与分析师外部治理作用的有效性

现实中，分析师并非同质的，它们的专业能力和市场影响力存在差异。对于前述分析师外部治理的局限性，能否通过提高分析师品质来予以克服？现有研究发现，相比于一般分析师，具有良好品质、享有良好声誉的分析师（俗称"明星分析师"）盈利预测的准确度更高（Xu，Chan and Jiang et al.，2013）、传递的信息包含更多公司特质信息（伊志宏和江轩宇，2013），从而更能提高股价信息含量。正是由于明星分析师具有更丰富的从业经验、更强的信息挖掘和处理能力，相比于一般分析师，产生的外部影响更大，进而可能改变分析师治理作用效果。具体而言，一方面，明星分析师较强的信息能力会增强监督效应，因为企业通过会计等手段操纵报表的机会主义更容易被发觉，盈余管理的风险上升，这有利于增强分析师外部治理作用的有效性；另一方面，明星分析师具有更强的市场影响力，因为明星分析师比非明星分析师有更多曝光率，投资者也倾向于关注声誉较好的明星分析师，根据明星分析师的盈利预测调整投资决策，因此明星分析师的关注会对企业产生更大盈余压力，这不利于对企业真实盈余管理行为的治理。由此可见，声誉机制可能强化分析师关注治理作用的双重效应，并不能克服其治理局限性，应计盈余管理行为在更强监督效应下得到更多抑制，而真实盈余管理行为在更强压力效应下更有可能发生，故有假设 H2：

　　　H2：分析师声誉会强化其治理作用的双重效应，明星分析师的关注对应计盈余管理有更明显的治理效果，但对真实盈余管理会产生更强的刺激。

（三）企业内部控制质量与分析师外部治理作用的有效性

内部控制贯穿企业的各个活动，使企业业务运作更规范，两类盈余管理的成本都显著增大，因而盈余管理行为会受到抑制。在产生内部治理作用的同时，企业内部控制还可能对外部治理机制产生外溢影响，与分析师行为及其效果发生关联，因为企业信息披露是分析师的基本信息来源之一，分析师的行为受到了信息披露质量的影响。例如，企业内部控制改善可以增强企业财务信息的真实性和可靠性（Doyle，Ge and McVay，2007；刘启亮、罗乐和张雅曼等，2013），增强信息沟通的及时性和有效性（Ettredge，Li and Sun，2006；Feng，Li and McVay，2009），还有助于增强财务信息可比性（王迪、鲁威朝和杨道广，2019），从而使企业透明度提高。因此，内部控制质量提高，除了产生内部治理作用外，还为分析师治理作用的发挥奠定了更好的基础，影响分析师外部治理效果。

具体而言，内部控制质量对分析师治理作用的影响机理在于以下方面。首先，内部控制质量提高可以降低分析师关注成本。内部控制质量高的企业，信息质量和透明度更高，分析师更易获取相关信息，信息收集成本降低，分析成本也可以得到降低。关注成本降低使得分析师信息生产效率提高，能够更及时、更深入地进行分析，不仅能更有效地识别应计盈余管理行为，也能更好地识别真实盈余管理行为。其次，内部控制质量提高增大了以真实盈余管理替代应计盈余管理的风险，弱化了分析师关注压力效应的负面影响。综合以上分析，我们认为企业内部控制与分析师外部治理存在协同效应，提出假设 H3：

H3：企业内部控制与分析师外部治理存在协同效应，内部控制质量提高，分析师关注对应计盈余管理的抑制作用增强，对真实盈余管理的刺激变弱。

四、研究设计

（一）模型设定

为检验分析师关注与企业盈余管理的基本关系，即 H1，本文构建如下模型：

$$EM_{it} = \beta_0 + \beta_1 ANALYST_{it} + Controls + IND_i + YEAR_i + u_i + \varepsilon_{it} \tag{1}$$

式（1）中，因变量为企业盈余管理指标，采用两种度量——应计盈余管理（DA）和真实盈余管理（RM），真实盈余管理还将使用分项指标。解释变量 $ANALYST_{it}$ 表示分析师关注程度。$Controls$ 是一系列控制变量，IND_i、$YEAR_i$、μ_i 分别表示年度、行业和个体固定效应。系数 β_1 体现分析师关注对盈余管理的影响，按照 H1 的预期，当因变量为 DA 时，该系数为负，体现抑制作用；当因变量为 RM 时，该系数为正，体现刺激作用；当因变量为真实盈余管理的各分项指标时，该系数方向与刺激真实盈余管理的方向一致，即为异常经营现金流（CF）和异常酌量性费用（EX）时系数为负，为异常存货成本（PR）时系数为正。

为检验明星分析师对分析师治理效果的调节作用，即 H2，在式（1）基础上引入分析师声誉变量 $STAR_{it}$ 及其与分析师关注的交乘项，构建模型：

$$\begin{aligned} EM_{it} = \beta_0 &+ \beta_1 ANALYST_{it} + \beta_2 ANALYST_{it} \times STAR_{it} \\ &+ \beta_3 STAR_{it} + Controls + IND_i + YEAR_i + u_i + \varepsilon_{it} \end{aligned} \tag{2}$$

式（2）中，交乘项系数 β_2 反映分析师声誉对其外部治理作用的影响，预期当因变量为 DA 时，该系数为负，体现增强了抑制作用；当因变量为 RM 时，该系数为正，体现进一步刺激了真实盈余管理。

为检验企业内部控制质量对分析师治理效果的调节作用，即 H3，引入企业内部控制质量变量 IC_{it} 及其与分析师关注的交乘项，构建模型：

$$EM_{it} = \beta_0 + \beta_1 ANALYST_{it} + \beta_2 ANALYST_{it} \times IC_{it} + \beta_3 IC_{it} + Controls + IND_i + YEAR_i + u_i + \varepsilon_{it} \quad (3)$$

式（3）中，交乘项系数 β_2 反映企业内部控制质量对分析师外部治理作用的影响，预期当因变量为 DA 或为 RM 时，该系数值均为负，体现了既进一步增强了分析师关注对应计盈余管理的抑制作用，也弱化了分析师关注对真实盈余管理的刺激作用。

（二）变量设计

1. 因变量

（1）应计盈余管理。本文使用 DD 模型（Dechow and Dichev，2002）计算企业可操纵性应计盈余，以可操纵性应计盈余的绝对值反映企业通过会计手段进行盈余管理（DA）的程度。

（2）真实盈余管理。借鉴 Roychowdhury（2006）以及蔡春、朱荣和辉等（2012）的研究，从三个方面即异常经营现金流（CF）、异常酌量性费用（EX）和异常存货成本（PR）反映企业真实盈余管理活动情况，并将三个指标采用 Zang（2012）的方法即 $RM_t = PR_t - CF_t - EX_t$ 综合为真实盈余管理指标。

2. 解释变量

（1）分析师关注。借鉴已有研究（Yu，2008；李春涛、赵一和徐欣等，2016）的方法，本文采用对一家企业实际发布盈利预测报告或投资评级报告的分析师数量来度量分析师关注，并用该数据加 1 后取自然对数以降低数量级。分析师只要在当年发布过对一家企业的盈利预测或投资评级报告，就被看作当年关注了这家企业。一个团队中多个研究员算作一人。

（2）分析师声誉。借鉴已有研究（伊志宏和江轩宇，2013；吴偎立、张峥和乔坤元，2016），本文以《新财富》杂志公布的"最佳分析师"界定的明星分析师身份作为分析师声誉的度量。该排名是我国最早也是最受业界重视的分析师排名，以机构投资者直接提名并打分的方式进行评选。设置哑变量 $STAR$ 度量是否有明星分析师关注，当有明星分析师关注时，$STAR$ 取 1，反之为 0。

（3）内部控制质量。企业内部控制质量以迪博（DIB）内部控制与风险管理数据库编制的内部控制指数衡量，指数值越高，代表企业内部控制质量越高。

3. 控制变量

控制变量包括企业基本属性特征、控制权特征、财务特征和市值情况，具体控制变量定义详见表 1。其中，机构投资者比例、国际四大审计、非控股大股东持股、管理层持股和是否国企均反映的是公司治理属性，影响企业盈余管理的动机和审计压力（李春涛、赵一和徐欣等，2016）；企业规模、盈利能力、企业年龄、账面市值比和成长性等反映企业基本特征，它们对分析师关注对象选择和企业盈余管理都可能产生影响（Yu，2008）。

表 1　变量定义

类型	变量	符号	定义
因变量	应计盈余管理	DA	DD 模型计算的可操纵性应计盈余的绝对值
	异常经营现金流	CF	DD 模型估计的现金流残差
	异常酌量性费用	EX	DD 模型估计的酌量性费用残差
	异常存货成本	PR	DD 模型估计的存货成本残差
	真实盈余管理	RM	综合指标,等于异常存货成本减去异常经营现金流减去异常酌量性费用
解释变量	分析师关注	$ANALYST$	实际关注的分析师人数加 1 的自然对数
	是否有明星分析师关注	$STAR$	企业有明星分析师关注,赋值为 1,反之为 0
	企业内部控制质量	IC	迪博内部控制指数的自然对数;
控制变量	国际四大审计	$BIG4$	企业由四大会计师事务所审计,则取值为 1,反之为 0
	机构投资者比例	$INST$	机构投资者持股比例
	企业规模	$SIZE$	企业总资产的自然对数
	企业年龄	AGE	企业成立年数
	是否国企	SOE	企业是国有企业,则赋值为 1,反之为 0
	管理层持股	MGM	企业年报中公布的管理层持股比例
	盈利能力	ROE	企业净资产收益率
	账面市值比	BM	企业账面价值和市值的比值
	非控股大股东持股	LMS	第二大股东至第十大股东持股比例之和
	资产负债率	LEV	企业负债总额与资产总额的比值
	成长性	$GROWTH$	营业收入增长率
	行业	IND	按照 2012 年证监会行业分类标准
	年度	$YEAR$	

（三）样本与数据来源

本文以中国 A 股企业 2007～2017 年数据为样本，剔除金融企业、ST 企业及数据缺失样本数据，最终得到 10307 个观测值。数据来自国泰安（CSMAR）和 Wind 数据库，并从《新财富》网站人工收集明星分析师相关数据，从迪博处获得企业内部控制指数。连续变量进行 1% 水平双侧缩尾处理以排除异常值的影响。全部样本中，有 8662 个样本受到了分析师的关注，占比约为 84%，平均每家企业大概有 10 个分析师对它进行关注。

五、实证结果分析

（一）描述性统计结果

表 2 报告了本文主要变量的统计特征，应计盈余管理（*DA*）的均值为 0.038，最大值为 0.186，差异较大；而异常经营现金流（*CF*）、异常酌量性费用（*EX*）以及异常存货成本（*PR*）三个真实盈余管理分项指标的均值分别为 0.008、0.010 和 −0.013，真实盈余管理（*RM*）的均值为 −0.031，最小值为 −0.783，最大值为 0.547，差异较大。样本中，选择国际四大会计师事务所作为外部审计机构的占比为 6.1%，受到明星分析师关注过的样本占比 68.4%，机构投资者比例（*INST*）平均为 32.7%，盈利能力（*ROE*）的平均值为 7.8%，非控股大股东持股（*LMS*）的平均值为 22.9%，资产负债率（*LEV*）的平均值为 42.4%，成长性（*GROWTH*）的均值为 19.2%，最大值为 220.7%，最小值为 −47.2%，说明样本中既有成长性较好的企业也有成长性较差的企业。

表 2 主要变量描述性统计

变量	N（个）	均值	中位数	标准差	最小值	最大值
DA	8698	0.038	0.028	0.036	0	0.186
CF	10307	0.008	0.009	0.078	−0.233	0.222
EX	10307	0.010	−0.001	0.075	−0.162	0.322
PR	9798	−0.013	−0.007	0.115	−0.399	0.321
RM	9798	−0.031	−0.017	0.219	−0.783	0.547
ANALYST	10307	1.780	1.946	1.113	0	4.248
IC	10307	6.479	6.514	0.181	5.534	6.791
STAR	10307	0.684	1	0.465	0	1
BIG4	10307	0.061	0	0.240	0	1
INST	10307	0.327	0.306	0.238	0.002	0.849
SIZE	10307	22.08	21.88	1.230	19.91	26.17
AGE	10307	14.92	15	4.899	2	51
SOE	10307	0.324	0	0.468	0	1
MGM	10307	0.136	0.008	0.194	0	0.672
ROE	10307	0.078	0.073	0.095	−0.317	0.366
BM	10307	0.863	0.586	0.839	0.103	4.796
LMS	10307	0.229	0.219	0.124	0.022	0.539
LEV	10307	0.424	0.418	0.202	0.051	0.868
GROWTH	10307	0.192	0.131	0.369	−0.472	2.207

（二）分组盈余管理差异

在进行多元回归分析前，本文以企业获得分析师关注的平均水平为分界线，将样本分为高关注组和低关注组，考查两组间盈余管理及其分项指标是否存在明显差异。表3报告了组间均值差异检验结果，可以看出，相对于分析师关注程度较低的企业，分析师关注程度较高的企业应计盈余管理程度较低，而真实盈余管理程度较高，真实盈余管理的三个分项中，异常经营现金流和异常酌量性费用较低，而异常存货成本较高，说明高关注组的企业更倾向于以异常促销、节省酌量性费用支出和将成本留置于存货的方式来扩大当前盈利，尤其是产品成本渠道上的盈余管理程度差距最大。

表 3　盈余管理组间均值差异检验

变量	低关注组	高关注组	均值差异	T 值
DA	0.0426	0.0358	0.0068 ***	7.97
RM	−0.1106	0.0130	−0.1236 ***	−25.74
CF	0.0248	−0.0014	0.0262 ***	16.05
EX	0.0330	−0.0026	0.0356 ***	22.70
PR	−0.0530	0.0091	−0.0621 ***	−23.48

注：在1%的水平上显著用 *** 表示。

（三）回归结果分析

1. 分析师关注与盈余管理的基本关系

表4报告了基于固定效应模型的假设 H1 的检验结果，分析师关注与企业应计盈余管理的关系显著为负，表明分析师关注抑制了企业应计盈余管理，但与企业真实盈余管理之间的关系显著为正，意味着分析师关注刺激了企业的真实盈余管理，验证了假设 H1，与 Irani 和 Oesch（2016）、Sun 和 Liu（2016）以及李春涛、赵一和徐欣等（2016）的研究一致。其中，关于真实盈余管理分项指标的回归结果，与综合指标回归结果一致，当异常经营现金流、异常酌量性费用以及异常存货成本为因变量时，分析师关注的回归系数分别为 −0.0086、−0.0147 和 0.0243，且均在 1% 的水平上显著，表明分析师关注刺激企业真实盈余管理的作用在三种方式中均有体现。

表 4　分析师关注与企业盈余管理基本关系

变量	DA	RM	CF	EX	PR
ANALYST	−0.0016 *** (−3.26)	0.0475 *** (15.65)	−0.0086 *** (−8.28)	−0.0147 *** (−16.59)	0.0243 *** (15.12)
BIG4	0.0002 (0.13)	−0.0249 * (−1.82)	0.0103 *** (2.59)	−0.0003 (−0.07)	−0.0157 ** (−2.14)

续表

变量	DA	RM	CF	EX	PR
INST	− 0.0022 (− 1.00)	− 0.0826 *** (− 6.40)	0.0238 *** (5.44)	0.0165 *** (3.85)	− 0.0431 *** (− 5.90)
SIZE	− 0.0007 (− 1.11)	− 0.0177 *** (− 3.11)	0.0059 *** (3.06)	0.0037 *** (3.06)	− 0.0074 ** (− 2.53)
AGE	0.0001 (0.57)	− 0.0020 *** (− 4.21)	0.0005 *** (3.05)	0.0003 * (1.78)	− 0.0012 *** (− 4.59)
SOE	− 0.0028 ** (− 2.24)	0.0140 * (1.88)	− 0.0048 * (− 1.74)	0.0021 (0.87)	0.0116 *** (2.72)
MGM	− 0.0043 (− 1.47)	− 0.0256 (− 1.58)	− 0.0030 (− 0.52)	0.0128 ** (2.40)	− 0.0138 (− 1.53)
ROE	− 0.0007 (− 0.17)	− 0.0500 ** (− 2.22)	0.0159 * (1.87)	0.0090 *** (2.74)	− 0.0258 ** (− 2.23)
BM	− 0.0062 *** (− 8.66)	0.0327 *** (6.52)	− 0.0028 (− 1.61)	− 0.0107 *** (− 9.59)	0.0184 *** (6.81)
LMS	0.0067 * (1.85)	− 0.0345 (− 1.69)	− 0.0060 (− 0.88)	0.0318 *** (4.79)	− 0.0086 (− 0.76)
LEV	0.0264 *** (10.89)	0.2229 *** (3.60)	− 0.0810 *** (− 3.81)	− 0.0231 ** (− 2.35)	0.1181 *** (3.91)
GROWTH	0.0005 (1.05)	− 0.0031 * (− 1.90)	0.0009 * (1.90)	0.0030 *** (2.88)	0.0009 (0.97)
Constant	0.0041 (0.30)	0.3089 *** (3.11)	− 0.1036 *** (− 3.04)	− 0.1010 *** (− 3.04)	0.1142 ** (2.17)
IND	控 制	控 制	控 制	控 制	控 制
YEAR	控 制	控 制	控 制	控 制	控 制
样本量(个)	8698	9798	10307	10307	9798
R²	0.0534	0.1518	0.0852	0.1075	0.1365
F 值	69.53 ***	35.85 ***	17.07 ***	27.40 ***	31.79 ***

注：在 1%、5% 和 10% 的水平上显著分别用 ***、** 和 * 表示，括号内为 t 统计量；下文同。

控制变量相关结果与现有文献基本一致。国际四大审计、机构投资者比例均表现出对应计盈余管理的影响并不显著，但对真实盈余管理行为有一定的抑制作用，这与文献中认为由国际四大审计并不能显著提高报表质量（刘峰和周福源，2007）、机构投资者持股并不能一致地提高报表质量（罗付岩，2015）等结论有一致性。类似地，企业规模、企业年龄与盈余管理存在同样的关系，这可能与规模大、年龄长的企业会计规范程度较高有关。股权制衡度（非控股大股东持股）不利于真实盈余管理，但刺激应计盈余管理，可能原因是前者涉及重要商业决策，会受到非控股大股东牵制，但后者涉及会计处理问题，主要受内部人控制，在非控股大股东持股较高时，它们对控股股东和管理层的压力会较大，进而刺激内部人通过会计手段管理盈余。企业的国有产权性质（是否国企）与应计盈余管理负相关，但刺激真实盈余管理，反映国有企业会计规范程度较高，而在考核等压力下可能存在更强倾向的真实盈余管理。资产负债率对两类盈余管理均有刺激作用，原因是资产负债率是财务风险的一种表征，资产负债率越高，为继续债务融资或出于其他风险掩藏目的，企业会有更强动机进行盈余管理；相反，企业盈利能力越强、成长性越强，进行真实盈余管理的动机越弱。

2. 分析师声誉的调节作用

对假设 H2 的检验结果报告于表 5。分析师关注与是否有明星分析师关注交乘项的系数均在 1% 的水平上显著，且方向与前文基本关系分析中分析师关注的作用方向一致，说明分析师声誉的提高，增强了分析师关注对企业应计盈余管理的抑制作用，但刺激了更多的真实盈余管理，即强化了分析师治理作用的双重效应，假设 H2 得到支持。意味着相比于一般分析师，明星分析师对应计盈余管理的外部治理作用更强，但明星分析师更强的市场效应使得他们带给管理层更大业绩压力，刺激管理层采用隐蔽性更强的真实盈余管理达到目的。表 5 中真实盈余管理分项指标的回归结果与综合指标的含义一致，即明星分析师关注会更加刺激企业压缩酌量性费用、增加无现金流保障的收入确认，以及向存货转移成本。

表 5　分析师声誉对分析师关注治理效果的调节效应

变量	DA	RM	CF	EX	PR
ANALYST	− 0. 0030 ***	0. 0507 ***	− 0. 0095 ***	− 0. 0166 ***	0. 0259 ***
	(− 4. 75)	(13. 00)	(− 6. 97)	(− 14. 28)	(11. 95)
ANALYST × STAR	− 0. 0128 ***	0. 0533 ***	− 0. 0115 ***	− 0. 0120 ***	0. 0263 ***
	(− 10. 41)	(7. 42)	(− 4. 52)	(− 5. 50)	(6. 31)
STAR	− 0. 0026 *	0. 0180 **	− 0. 0034	− 0. 0007	0. 0088 *
	(− 1. 88)	(2. 01)	(− 1. 05)	(− 0. 26)	(1. 68)
BIG4	0. 0002	− 0. 0240 *	0. 0101 **	− 0. 0005	− 0. 0153 **
	(0. 09)	(− 1. 77)	(2. 55)	(− 0. 10)	(− 2. 09)
INST	− 0. 0032	− 0. 0791 ***	0. 0230 ***	0. 0156 ***	− 0. 0413 ***
	(− 1. 46)	(− 6. 15)	(5. 24)	(3. 64)	(− 5. 70)
SIZE	− 0. 0014 **	− 0. 0151 ***	0. 0054 ***	0. 0031 **	− 0. 0061 **
	(− 2. 12)	(− 2. 67)	(2. 77)	(2. 53)	(− 2. 09)
AGE	0. 0001	− 0. 0020 ***	0. 0005 ***	0. 0003 *	− 0. 0012 ***
	(0. 62)	(− 4. 21)	(3. 05)	(1. 78)	(− 4. 59)
SOE	− 0. 0027 **	0. 0131 *	− 0. 0046 *	0. 0023	0. 0111 ***
	(− 2. 17)	(1. 76)	(− 1. 70)	(0. 94)	(2. 62)

续表

变量	DA	RM	CF	EX	PR
MGM	− 0.0046 (− 1.57)	− 0.0245 (− 1.52)	− 0.0033 (− 0.57)	0.0125 ** (2.36)	− 0.0133 (− 1.48)
ROE	− 0.0010 (− 0.23)	− 0.0487 ** (− 2.19)	0.0156 * (1.85)	0.0087 *** (2.70)	− 0.0252 ** (− 2.20)
BM	− 0.0054 *** (− 7.82)	0.0295 *** (6.00)	− 0.0022 (− 1.25)	− 0.0099 *** (− 9.04)	0.0169 *** (6.29)
LMS	0.0069 * (1.94)	− 0.0357 * (− 1.76)	− 0.0057 (− 0.83)	0.0322 *** (4.87)	− 0.0092 (− 0.82)
LEV	0.0264 *** (11.10)	0.2233 *** (3.66)	− 0.0811 *** (− 3.84)	− 0.0232 ** (− 2.41)	0.1183 *** (3.97)
GROWTH	0.0005 (1.10)	− 0.0033 * (− 1.95)	0.0010 ** (1.99)	0.0031 *** (2.87)	0.0008 (0.89)
Constant	0.0105 (0.76)	0.3044 *** (3.09)	− 0.1001 *** (− 2.93)	− 0.0960 *** (− 2.92)	0.1119 ** (2.14)
IND	控制	控制	控制	控制	控制
YEAR	控制	控制	控制	控制	控制
样本量(个)	8698	9798	10307	10307	9798
R^2	0.0671	0.1575	0.0876	0.1108	0.1412
F 值	25.68 ***	35.11 ***	16.80 ***	26.32 ***	30.97 ***

3. 内部控制质量的调节作用

对假设 H3 的检验结果报告于表 6 中。结果显示，内部控制质量提高有自身的治理作用，可降低两类盈余管理（表现为 IC 对 RM、DA 的影响显著为负，对分项指标 CF、EX 的影响为正而对 PR 的影响为负），同时还促进了分析师关注对两类盈余管理的治理效果（表现为交乘项系数显著且方向都是有利于降低各种盈余管理），支持了假设 H3。其中，对于应计盈余管理（DA），交乘项系数为负，即进一步强化了对应计盈余管理的治理；对于真实盈余管理，交乘项的系数均与 ANALYST 的系数相反，即缓解了分析师关注产生的压力效应。根据表 6 的回归系数测算，当内部控制质量提高一个标准差（0.181）时，分析师关注对应计盈余管理的抑制作用能够提高 3% 左右①；企业以真实盈余管理替代应计盈余管理的发生率能够降低 5% 左右，意味着在内部控制质量达到一定程度后，分析师关注同样可以抑制企业真实盈余管理，而不是刺激它。

---

① IC 在均值基础上提高一个标准差（0.181），分析师关注的效应变化幅度为 [− 0.0018 − 0.0042 × (6.479 + 0.181)] ／ (− 0.0018 − 0.0042 ×6.479) − 1，约等于 3%。真实盈余管理替代应计盈余管理发生率的变化幅度计算方法相同。

表6　内部控制质量对分析师关注治理效果的调节效应

变量	DA	RM	CF	EX	PR
ANALYST	− 0.0018 ***	0.0464 ***	− 0.0082 ***	− 0.0146 ***	0.0238 ***
	(− 4.05)	(19.11)	(− 9.69)	(− 17.98)	(17.69)
ANALYST × IC	− 0.0042 ***	− 0.0185 ***	0.0070 ***	0.0020 ***	− 0.0095 ***
	(− 9.02)	(− 8.65)	(9.25)	(2.76)	(− 7.98)
IC	− 0.0032 ***	− 0.0151 ***	0.0048 ***	0.0021 **	− 0.0079 ***
	(− 5.53)	(− 5.63)	(5.04)	(2.34)	(− 5.35)
BIG4	− 0.0006	− 0.0201 *	0.0087 **	− 0.0008	− 0.0133 **
	(− 0.32)	(− 1.93)	(2.42)	(− 0.23)	(− 2.31)
INST	− 0.0025	− 0.0857 ***	0.0249 ***	0.0169 ***	− 0.0447 ***
	(− 1.13)	(− 7.07)	(5.94)	(4.17)	(− 6.66)
SIZE	− 0.0001	− 0.0212 ***	0.0071 ***	0.0042 ***	− 0.0092 ***
	(− 0.17)	(− 6.74)	(6.51)	(3.96)	(− 5.29)
AGE	0.0001	− 0.0020 ***	0.0005 ***	0.0003	− 0.0012 ***
	(0.76)	(− 3.92)	(2.84)	(1.59)	(− 4.34)
SOE	− 0.0026 *	0.0141 *	− 0.0048 *	0.0021	0.0116 ***
	(− 1.95)	(1.79)	(− 1.82)	(0.84)	(2.67)
MGM	− 0.0030	− 0.0256	− 0.0032	0.0129 **	− 0.0138
	(− 1.05)	(− 1.61)	(− 0.58)	(2.42)	(− 1.57)
ROE	− 0.0011	− 0.0785 ***	0.0266 ***	0.0121 ***	− 0.0404 ***
	(− 1.04)	(− 11.13)	(10.68)	(5.05)	(− 10.33)
BM	− 0.0058 ***	0.0302 ***	− 0.0019	− 0.0104 ***	0.0172 ***
	(− 9.25)	(8.42)	(− 1.57)	(− 8.76)	(8.66)
LMS	0.0058 *	− 0.0310	− 0.0071	0.0314 ***	− 0.0068
	(1.69)	(− 1.62)	(− 1.07)	(4.92)	(− 0.64)
LEV	0.0194 ***	0.2650 ***	− 0.0955 ***	− 0.0279 ***	0.1398 ***
	(8.75)	(19.95)	(− 20.68)	(− 6.27)	(19.03)
GROWTH	0.0005 ***	− 0.0033 ***	0.0010 ***	0.0030 ***	0.0008 **
	(3.57)	(− 4.58)	(3.87)	(12.49)	(2.01)
Constant	0.0155	0.2653 ***	− 0.0898 ***	− 0.0938 ***	0.0908 **
	(0.89)	(3.27)	(− 2.94)	(− 3.19)	(2.02)
IND	控制	控制	控制	控制	控制
YEAR	控制	控制	控制	控制	控制
样本量（个）	8698	9798	10307	10307	9798
R²	0.0803	0.1588	0.0930	0.1083	0.1427
F 值	21.01 ***	51.17 ***	28.46 ***	33.70 ***	45.12 ***

六、稳健性检验

（一）剔除分析师关注对象选择偏好后的回归

有一些因素可能既影响分析师关注对象的选择，又影响被关注对象的盈余管理。

例如，分析师关注哪一家企业可能会受到企业规模、成长能力、经营情况等因素影响，而这些因素可能与企业盈余管理有关联。为了剔除这种可能导致估计偏误的风险，我们借鉴 Yu（2008）的二阶 OLS 估计思路，分两步进行估计。首先通过模型（4）得到估计残差 ε_{it}，本文命名为 A_RES_{it}，它是剔除了可能影响分析师关注对象选择偏好的企业因素（收入现金比 CR 等）之后的"剩余关注"。

$$ANALYST_{it} = \alpha_0 + \alpha_1 CR_{it} + \alpha_2 INST_{it} + \alpha_3 SIZE_{it} + \alpha_4 ROE_{it} + \alpha_5 BM_{it} + \alpha_6 LEV_{it}$$
$$+ \alpha_7 GROWTH_{it} + IND_i + YEAR_i + \varepsilon_{it} \tag{4}$$

随后，用 A_RES_{it} 替代原来的解释变量 $ANALYST$ 重新进行前述模型的估计，结果报告在表 7，估计结果与前文基本一致，表明前文回归结果较为稳健。

表 7　剔除分析师关注对象选择偏好的稳健性检验结果

变量	H1		H2		H3	
	DA	RM	DA	RM	DA	RM
A_RES	− 0. 0017 *** （− 3. 76）	0. 0451 *** （18. 53）	− 0. 0037 *** （− 5. 86）	0. 0485 *** （14. 21）	− 0. 0022 *** （− 4. 92）	0. 0445 *** （18. 26）
A_RES × STAR			− 0. 0039 *** （− 3. 14）	0. 0434 *** （6. 20）		
STAR			− 0. 0044 *** （− 3. 05）	0. 0071 （0. 86）		
A_RES × IC					− 0. 0026 *** （− 5. 69）	− 0. 0157 *** （− 6. 47）
IC					− 0. 0053 *** （− 10. 40）	− 0. 0118 *** （− 4. 47）
Constant	− 0. 0121 （− 0. 72）	0. 8439 *** （11. 22）	− 0. 0305 * （− 1. 79）	0. 8948 *** （11. 34）	0. 0082 （0. 49）	0. 7900 *** （10. 42）
控制变量	控制	控制	控制	控制	控制	控制
样本量(个)	8698	9798	8698	9798	8698	9798
R²	0. 0535	0. 1486	0. 0568	0. 1523	0. 0753	0. 1527
F 值	14. 40 ***	50. 10 ***	14. 50 ***	48. 72 ***	19. 59 ***	48. 85 ***

（二）使用工具变量的回归

本文还借鉴 Yu（2008）以及李春涛、赵一和徐欣等（2016）的做法，为解释变量分析师关注选取了工具变量进行回归，以缓解可能的内生性问题。企业是否被纳入沪深 300 成分股主要依据企业的行业影响力以及股票交易量等，与企业盈余管理程度没有直接联系；另外，入选沪深 300 成分股的企业会受到投资者和券商更多关注，分析师关注也会相应增加，也即，企业是否属于沪深 300 成分股（工具变量）和企业盈余管理（被解释变量）没有直接关系，但和分析师关注（解释变量）有共振性，它对企业盈余管理（被解释变量）的影响是通过对分析师关注（解释变量）的影响来实现，所以以企业是否属于沪深300成分股作为分析师关注的工具变量有合理性。表8中的回归结果显示是否属于沪深300成分股（HS300）与分析师关注显著正相关。其中显示了使用工具变量的回归结果，相关结果与前文基本一致。

表8　基于工具变量的稳健性检验结果

变量	共振性	H1		H2		H3	
	ANALYST	DA	RM	DA	RM	DA	RM
IV(HS300)	0.0563*** (2.96)						
IV_ANALYST		−0.0496*** (−2.63)	0.1906** (2.43)	−0.0030*** (−4.73)	0.0149*** (14.39)	−0.0017*** (−3.90)	0.0143*** (19.36)
IV_ANALYST × STAR				−0.0129*** (−10.56)	0.0076*** (3.66)		
STAR				−0.0029* (−1.91)	0.0021 (0.77)		
IV_ANALYST × IC						−0.0043*** (−9.23)	−0.0003** (−0.37)
IC						−0.0030*** (−5.15)	−0.0015* (−1.69)
Constant	−10.6267*** (−26.99)	0.4945*** (2.96)	−1.0853 (−1.48)	0.0105 (0.76)	0.3044*** (3.09)	0.0105 (0.76)	0.3044*** (3.09)
控制变量	控制	控制	控制	控制	控制	控制	控制
样本量(个)	10307	8698	9798	8698	9798	8698	9798
R²	0.3237	−1.2813	−0.1791	0.0849	0.2850	0.0972	0.2841
F值	134.42***	10.05***	73.58***	12.51***	62.80***	14.52***	62.53***

七、结论

　　本文针对前人研究提出的分析师外部治理局限性问题，从两个渠道探讨了克服这种局限性的可能性。其一是主体角度的分析师自身专业能力建设问题，具体从分析师声誉机制角度展开。明星分析师通常代表有较高专业能力和市场影响力，能力和影响力的提升是否足以克服分析师外部治理的局限性？其二是客体角度的目标企业内部环境改善问题，具体从企业内部控制质量角度展开。内部控制质量高的企业有着更好的企业内部运营环境，同时对外也能提供更高质量的信息，这种内部环境及信息供给改善能否克服分析师外部治理的局限性？

　　基于 2007～2017 年我国沪深两市 A 股上市公司样本的实证研究，得出以下结论。（1）分析师关注对企业盈余管理的监督效应和压力效应均存在，与现有研究一致，即分析师关注具备外部治理效果，但分析师治理有局限性。（2）声誉机制只能强化分析师对应计盈余管理的治理效应，并不能缓解分析师关注的压力效应进而抑制真实盈余管理，即无法消除分析师治理的局限性。（3）目标企业内部控制质量的提高不仅直接产生内部治理效果，还有助于提升分析师的外部治理效果，即内部控制与分析师外部治理存在协同效应。当内部控制质量提高一个标准差（0.181）时，分析师关注对应计盈余管理的抑制作用能够提高 3% 左右；企业以真实盈余管理替代应计盈余管理的发生率能够降低 5% 左右，意味着在内部控制质量达到一定程度后，分析师外部治理的局限性能得到有效克服。

　　上述结论表明：一方面，分析师作为我国资本市场的信息中介，其外部治理功能值得肯定，它对上市公司起到了一定的监督治理作用；另一方面，其治理存在局限性，单纯依靠分析师队伍声誉建设并不能克服这种局限性，而企业内部控制质量的改善则为克服这种局限性提供了可能。有两点启示借得指出：第一，企业内部控制质量是资本市场信息效率的基础；第二，分析师不仅可以是企业内部控制质量改善的受益者，也可以是驱动者，即分析师可通过加强对公司内部控制质量的关注来增强自身预测的有效性，同时也会驱动企业提高内部控制质量。未来研究可以区分分析师关注的内容，探讨关注哪些内容可能驱动企业提高内部控制质量。

参考文献

蔡春，朱荣，和辉，谢柳芳. 2012. 盈余管理方式选择、行为隐性化与濒死企业状况改善——来自 A 股特别处理公司的经验证据. 会计研究，9：31 - 39.

曹胜. 2010. 国内分析师预测能否反映市场预期？——基于 MBE 的市场反应分析. 中国会计与财务研究，2：1 - 52.

陈德球，陈运森. 2018. 政策不确定性与上市公司盈余管理. 经济研究，6：97 - 111.

陈小悦，肖星，过晓艳. 2000. 配股权与上市公司利润操纵. 经济研究，1：30 - 36.

范经华，张雅曼，刘启亮. 2013. 内部控制、审计师行业专长、应计与真实盈余管理. 会计研究，4：81 - 88 + 96.

龚启辉，吴联生，王亚平. 2015. 两类盈余管理之间的部分替代. 经济研究，50（6）：175 - 188 + 192.

何雪锋，张珑姣，王悠. 2017. 分析师跟进、公司性质与盈余管理. 财会通讯，30：19 - 23.

胡明霞. 2018. 管理层权力、内部控制质量与盈余管理. 重庆大学学报（社会科学版），24（2）：66 - 76.

胡娜, 郑晓薇, 周铭山. 2014. 声誉如何影响证券分析师的预测行为. 上海管理科学, 36 (6): 87 – 93.

李春涛, 宋敏, 张璇. 2014. 分析师跟踪与企业盈余管理——来自中国上市公司的证据. 金融研究, 7: 124 – 139.

李春涛, 赵一, 徐欣, 李青原. 2016. 按下葫芦浮起瓢: 分析师跟踪与盈余管理途径选择. 金融研究, 4: 144 – 157.

刘峰, 周福源. 2007. 国际四大意味着高审计质量吗——基于会计稳健性角度的检验. 会计研究, 233 (3): 79 – 87.

刘启亮, 罗乐, 张雅曼, 陈汉文. 2013. 高管集权、内部控制与会计信息质量. 南开管理评论, 16 (1): 15 – 23.

罗付岩. 2015. 机构投资者异质性、投资期限与公司盈余管理. 管理评论, 27 (3): 174 – 184.

潘越, 戴亦一, 林超群. 2016. 信息不透明、分析师关注与个股暴跌风险. 金融研究, 9: 138 – 151.

谭雪. 2016. 分析师关注的治理功用研究——基于两类代理成本的考察. 证券市场导报, 12: 37 – 45.

王迪, 鲁威朝, 杨道广. 2019. 内部控制、会计信息可比性与分析师行为. 审计研究, 212 (6): 70 – 78.

吴偎立, 张峥, 乔坤元. 2016. 信息质量、市场评价与激励有效性——基于《新财富》最佳分析师评选的证据. 经济学 (季刊), 15 (2): 723 – 744.

吴武清, 万嘉澄. 2018. 分析师跟踪和盈余管理: 基于跟踪强度新指标的研究. 数理统计与管理, 37 (1): 83 – 95.

吴勇, 陈若旸, 朱卫东. 2018. 内部控制质量对真实盈余管理的影响研究——基于强制性内部控制审计及评价报告的实证研究. 华东经济管理, 32 (5): 149 – 156.

谢玲玲. 2020. 分析师基于盈余预测变化的股票评级调整是否更有价值. 上海金融, 477 (4): 10 – 21.

谢震, 熊金武. 2014. 分析师关注与盈余管理: 对中国上市公司的分析. 财贸研究, 25 (2): 139 – 149.

叶陈刚, 刘猛. 2018. 分析师关注、产权性质与盈余管理路径. 中南财经政法大学学报, 228 (3): 33 – 42 + 159.

伊志宏, 江轩宇. 2013. 明星 VS 非明星: 分析师评级调整与信息属性. 经济理论与经济管理, 10: 93 – 108.

游家兴, 邱世远, 刘淳. 2013. 证券分析师预测"变脸"行为研究——基于分析师声誉的博弈模型与实证检验. 管理科学学报, 16 (6): 67 – 84.

袁振超, 张路. 2013. 分析师现金流预测影响应计质量吗? ——基于我国 A 股市场的经验证据. 投资研究, 32 (10): 108 – 123.

张宗新, 杨万成. 2016. 声誉模式抑或信息模式: 中国证券分析师如何影响市场?. 经济研究, 51 (9): 104 – 117.

张宗新, 周嘉嘉. 2019. 分析师关注能否提高上市公司信息透明度? ——基于盈余管理的视角. 财经问题研究, 433 (12): 49 – 57.

Altamuro, J. M., & A. Beatty. 2010. How does internal control regulation affect financial reporting. *Journal of Accounting and Economics*, 49 (1 – 2): 58 – 74.

Ayers, B. C., & R. N. Freeman. 2003. Evidence that analyst following and institutional ownership accelerate the pricing of future earnings. *Review of Accounting Studies*, 8 (1): 47 – 67.

Brown, L. D. , & M. L. Caylor. 2005. A temporal analysis of quarterly earnings thresholds: Propensities and valuation consequences. *The Accounting Review*, 80 (2): 423 – 440.

Burgstahler, D. , & I. Dichev. 1997. Earnings management to avoid earnings decreases and losses. *Journal of Accounting and Economics*, 24 (1): 99 – 126.

Chapman, K. , & J. R. Green. 2018. Analysts' influence on managers' guidance. *The Accounting Review*, 93 (1): 45 – 67.

Chung, K. H. , & H. Jo. 1996. The Impact of security analysts' monitoring and marketing functions on the market value of firms. *Journal of Financial and Quantitative Analysis*, 31 (4): 493 – 512.

Cohen, D. A. , A. Dey, & T. Z. Lys. 2008. Real and accrual-based earnings management in the pre- and post-Sarbanes-Oxley periods. *The Accounting Review*, 83 (3): 757 – 787.

Dechow, P. M. , & I. D. Dichev. 2002. The quality of accruals and earnings: The role of accrual estimation errors. *The Accounting Review*, 77 (S): 35 – 59.

Degeorge, F. , Y. Ding, T. Jeanjean, & H. Stolowy. 2013. Analyst coverage, earnings management and financial development: An international study. *Journal of Accounting and Public Policy*, 32 (1): 1 – 25.

Dhaliwal, D. S. , C. A. Gleason, & L. F. Mills. 2004. Last-chance earnings management: Using the tax expense to meet analysts' forecasts. *Contemporary Accounting Research*, 21 (2): 431 – 459.

Doyle, J. T. , W. Ge, & S. McVay. 2007. Accruals quality and internal control over financial reporting. *The Accounting Review*, 82 (5): 1141 – 1170.

Ettredge, M. L. , C. Li, & L. Sun. 2006. The impact of SOX section 404 internal control quality assessment on audit delay in the SOX era. *Auditing: A Journal of Practice & Theory*, 25 (2): 1 – 23.

Francis, J. , K. Schipper, & L. Vincent. 2002. Expanded disclosures and the increased usefulness of earnings announcements. *The Accounting Review*, 77 (3): 515 – 546.

Francis, J. & L. Soffer. 1997. The Relative informativeness of analysts' stock recommendations and earnings forecast revisions. *Journal of Accounting Research*, 35 (2): 193 – 211.

Feng, M. , C. Li, & S. McVay. 2009. Internal control and management guidance. *Journal of Accounting and Economics*, 48 (2 – 3): 190 – 209.

He, J. J. , & X. Tian. 2013. The dark side of analyst coverage: The case of innovation. *Journal of Financial Economics*, 109 (3): 856 – 878.

Healy, P. M. 1985. The effect of bonus schemes on accounting decisions. *Journal of Accounting and Economics*, 7 (1 – 3): 85 – 107.

Healy, P. M. , & K. G. Palepu. 2001. Information asymmetry, corporate disclosure, and the capital markets: A review of the empirical disclosure literature. *Social Science Electronic Publishing*, 31 (1 – 3): 405 – 440.

Irani, R. M. , & D. Oesch. 2016. Analyst coverage and real earnings management: Quasi-experimental evidence. *Journal of Financial and Quantitative Analysis*, 51 (2): 589 – 627.

Jensen, M. C. , & W. H. Meckling. 1979. Theory of the firm: Managerial behavior, agency costs and ownership structure. *Social Science Electronic Publishing*, 3 (4): 305 – 360.

Liu, M. H. 2011. Analysts' incentives to produce industry-level versus firm-specific information. *Journal of*

Financial and Quantitative Analysis, 46（3）：757 – 784.

Roychowdhury, S. 2006. Earnings management through real activities manipulation. *Journal of Accounting and Economics*, 42（3）：335 – 370.

Sun, J. , & G. Liu. 2016. Does analyst coverage constrain real earnings management?. *Quarterly Review of Economics & Finance*, 59（6A）：131 – 140.

Xu, N. H. , K. C. Chan, X. Y. Jiang, & Z. H. Yi. 2013. Do star analysts know more firm-specific information? Evidence from China. *Journal of Banking & Finance*, 37（1）：89 – 102.

Yu, F. F. 2008. Analyst coverage and earnings management. *Journal of Financial Economics*, 88（2）：245 – 271.

Zang, A. Y. 2012. Evidence on the trade-off between real activities manipulation and accrual based earnings management. *The Accounting Review*, 87（2）：675 – 703.

Analyst Coverage's Governance Function on Earning Management:

The Moderating Effect of Analyst's Reputation and Internal Control Quality

Zhigang Zuo, Fangzhi Shi

Abstract：Analysts' external governance（AEG）plays an important role in securities market operation. Existing research points out the limitations of AEG. In view of this problem, this paper explores the possibility of improving the effectiveness of AEG from two channels：analyst's reputation mechanism and enterprise's internal environment improvement. Empirical results show that the coverage of analysts in China's securities market can indeed restrain the enterprises' accrual earnings management（AEM）, but stimulates more real earnings management（REM）; the reputation mechanism of analysts cannot alleviate the problem; the coverage of star analysts will strengthen the tendency of enterprises to replace AEM with REM; instead, the improvement of internal environment can alleviate such dilemma, which strengthens AEG function by reducing the cost of analysts' coverage and then impeding enterprise's switch from AEM to REM. This finding implies that, when internal control quality reaches a certain level, analysts' coverage will reduce the REM rather than stimulating it, suggesting a synergetic effect between internal control and AEG.

Keywords：Analysts' Coverage; Earnings Management; Analyst's Reputation; Internal Control Quality

第 20 卷，第 1 辑，2021 年

Vol. 20, No. 1, 2021

会 计 论 坛

Accounting Forum

产品市场竞争与机构投资者持股的
公司治理效应 *

——基于高管超额薪酬视角

陈晓珊

【摘 要】本文选择 2010～2017 年沪深两市 A 股主板上市公司为研究样本，从高管超额薪酬的视角实证研究了产品市场竞争与机构投资者持股这两种外部治理机制的公司治理效应以及两者间的交互关系。研究结果表明，产品市场竞争与机构投资者持股作为公司重要的外部治理机制，能够有效降低高管超额薪酬，并且这两种机制在降低高管超额薪酬方面存在明显的替代性；进一步分析发现，这种替代性在国有企业和高管权力较小的公司中更明显。本文的研究丰富了公司治理领域的文献，为上市公司进一步完善治理框架和政府部门深化相关政策提供了经验证据。

【关键词】产品市场竞争；机构投资者持股；高管超额薪酬；公司治理

收稿日期：2020 – 11 – 08

基金项目：广东省自然科学基金联合基金项目（2019A1515111017）

作者简介：陈晓珊，女，广东财经大学会计学院副教授，jnu_ cxs@126.com。

* 作者感谢匿名评审专家对本文的宝贵意见，但文责自负。

一、引言

近年来，关于我国上市公司高管获得"天价薪酬"的报道层出不穷①，引起社会公众和学者们的热议。高管权力理论认为，高管利用控制权进行寻租，干预董事会的薪酬契约设计，导致薪酬契约偏离有效的激励约束，从而获得超过正常谈判所得的收入。因此，高管超额薪酬是股东与高管之间的代理成本（郭科琪，2014）。针对这一现象，学者们开始从制度、环境、文化、政府、内部治理、信息披露和高管权力等角度围绕高管超额薪酬的影响因素进行实证研究，旨在寻找有效降低高管超额薪酬的方法（Brick，Palmon and Wald，2006；Morse，Nanda and Seru，2011；权小锋、吴世农和文芳，2010；罗宏、黄敏和周大伟等，2014；程新生、刘建梅和陈靖涵，2015）。然而，上述研究忽视了公司外部治理机制的重要作用。

国内外相关经验研究表明，产品市场竞争与机构投资者持股都是公司重要的外部治理机制，它们在降低公司代理成本和提升公司绩效方面发挥了重要作用（Almazan，Hartzell and Starks，2005；Peress，2010；Ning，Hu and Xavier，2015；邢立全和陈汉文，2013；陈晓珊和刘洪铎，2019a）。然而，目前关于这两种机制在发挥公司治理效应方面的相互关系为何，也一直未得到明确的回答。与此同时，国内外现有关于公司治理机制之间相互关系的文献基本围绕企业绩效和企业价值展开（Aghion，Dewatripont and Rey，1999；Karuna，2007；Beiner，Schmid and Wanzenried，2011；陈晓珊，2017；张济建、苏慧和王培，2017；陈晓珊和刘洪铎，2019b），鲜有从高管超额薪酬的角度进行研究。鉴于此，本文以 2010~2017 年中国沪深两市 A 股非金融类上市公司作为研究样本，尝试从高管获得超额薪酬的视角出发，探讨产品市场竞争和机构投资者持股对高管超额薪酬的影响，并在此基础上进一步分析这两种公司治理机制在降低公司代理成本方面是否存在相互关系以及存在何种相互关系等。

本文的研究贡献在于以下 3 个方面。（1）区别于现有文献集中于从公司绩效或公司现金持有水平的角度讨论各种机制的公司治理效应，本文选择高管超额薪酬这一直观的研究视角，更加具体地体现公司代理成本，从而深入地剖析产品市场竞争与机构投资者持股的公司治理作用以及两种机制间的交互关系。（2）区别于既有文献从制度因素、公司内部治理和董事会文化等角度探讨高管超额薪酬的影响因素，本文从公司的外部治理角度着手，讨论产品市场竞争和机构投资者持股这两种重要的外部治理机

---

① 据新民网报道，2009 年平安人寿高管梁家驹税后薪酬为 1591.64 万元；2011 年，万科董事长王石年薪为 1501 万元。据 Wind 资讯统计，2016 年金融业高管薪酬平均为 2735.91 万元，海通证券总经理助理林涌、中国平安原首席投资执行官陈德贤、中信证券原执行董事曹可，薪酬分别为 1549.40 万元、1286.57 万元、1208.04 万元（数据来源：http://money.163.com/17/0425/02/CIR77786002580S6.html）。

制与高管超额薪酬之间的关系，丰富和拓展了关于高管超额薪酬影响因素的研究文献，同时也提供了一种新的关于产品市场竞争与机构投资者持股发挥公司治理效应的研究视角。（3）在实践意义上，本文的研究结论揭示了产品市场竞争与机构投资者持股在公司治理中发挥着相互替代的作用，这为公司进一步完善公司治理框架、政府部门营造良好的市场竞争环境、证监部门深化外部机构投资者结构和持股规模的政策等，均有着重要的参考意义。

二、理论分析与研究假设

（一）产品市场竞争与高管超额薪酬

产品市场竞争是企业间互动的重要载体。在公司治理中，产品市场竞争作为一种重要的外部治理机制，通过向股东和高管传递市场信息，能够有效降低代理成本，从而发挥公司治理效应。近年来，国内外相关文献集中讨论了产品市场竞争的公司治理作用，发现产品市场竞争会在一定程度上通过信息传递、清算威胁和战略选择等渠道影响高管的行为选择，进而对公司绩效产生一定的治理效应（Fee and Hadlock，2000）。总结来看，相关文献主要围绕产品市场竞争与公司治理、信息披露、盈余管理、资本结构、股票特质风险、公司并购、风险管理和投资模式等之间的关系展开研究（Irvine and Pontiff，2009；Giroud and Mueller，2011；姜付秀、黄磊和张敏，2009；吴昊旻、杨兴全和魏卉，2012；邢立全和陈汉文，2013；王明虎和章铁生，2017）。

尽管关于产品市场竞争的研究成果已经相当丰富，但是，近年来我国上市公司高管"天价薪酬""薪酬倒挂"等现象与产品市场竞争之间的关系似乎还未引起学者们的广泛关注。现有研究中，仅有陈晓珊（2017）、刘志强（2015）、陈震和汪静（2014）等少数几篇文献对产品市场竞争与高管薪酬、薪酬契约有效性等之间的关系进行了初步探讨，暂未发现有研究从高管获得超额薪酬的角度讨论产品市场竞争的公司治理效应。高管权力理论认为，高管利用自身掌握的控制权进行寻租，从而获得超过正常谈判所得的收入，因此可将高管超额薪酬视作股东与高管之间的代理成本（罗宏、黄敏和周大伟等，2014；郭科琪，2014）。综合相关文献，产品市场竞争能够对高管的机会主义行为发挥有效的监督作用，因此预期产品市场竞争与高管超额薪酬之间存在负相关关系。

基于上述分析，本文提出研究假设：

H1：产品市场竞争有助于降低高管超额薪酬。

（二）机构投资者持股与高管超额薪酬

现代公司制度确立后所形成的公司所有权与经营权相分离导致高管对自身薪酬契约的设计有着实质性影响。他们可以寻租董事会或薪酬委员会来为自己创造更高的薪酬待遇。相关文献普遍认为高管所拥有的日益提升的控制权是导致高管获得超额薪酬的重要原因（Bebchuk and Fried，2003；权小锋、吴世农和文芳，2010）。机构投资者作为第三方力量，主要介于大股东与中小投资者之间，有足够的能力和动机参与公司治理过程，弥补中小股东无法与高管权力抗衡的短处。它们不仅可在资本市场上传递信息，减少投资者与公司间的信息不对称，也能够参与实质性的公司治理，积极关注高管的经营行为，保护自身投资利益。

近年来，我国资本市场上的机构投资者发展迅速，机构投资者在上市公司中所发挥的重要作用日益凸显。这些机构投资者通过持有公司股份来参与公司治理过程，能够在与公司高管和股东的制衡博弈中呈现明显的竞争力，发挥竞争优势。尤其是在高管薪酬问题上，目前绝大部分机构投资者认为上市公司的高管获得了过高薪酬，这使得机构投资者会摒弃用脚投票的传统方式，改用争取董事会席位、干预股东大会决议等措施来影响高管薪酬决策，从而弥补其他治理机制难以做到的针对高管薪酬的有效监控（Brandes，Goranova and Hall，2008；Khan，Dharwadkar and Brandes，2005；Hartzell and Starks，2003）。

经验研究表明，机构投资者持股有助于监督高管的经营决策，约束高管在决策中可能存在的机会主义行为，从而缓解代理问题并最终实现公司经营绩效的提升，使得股东权益有所保障（孙光国、刘爽和赵健宇，2015；夏宁和杨硕，2018）。譬如，国外学者 Hartzell 和 Starks（2003），Khan、Dharwadkar 和 Brandes（2005），Min 和 Ozkan（2008），Ning、Hu 和 Xavier（2015）等指出，机构投资者作为公司股东，能够有效干预董事会对高管的薪酬契约设计，进而约束高管的机会主义行为，并且随着机构投资者持股比例的提高，高管的薪酬契约对公司绩效的敏感性增强。Almazan、Hartzell 和 Starks（2005）研究发现，机构投资者持有公司股份的比例越高，越能发挥有效的监管作用，从而越能对高管薪酬契约和高管行为产生有力约束。陈晓珊和刘洪铎（2019a）研究指出，上市公司机构投资者的持股深度和持股广度都能有效抑制高管获得超额薪酬，并且异质个体机构投资者所发挥的监管作用存在显著差异。

本文认为，机构投资者作为上市公司的一种外部治理机制，与上市公司之间主要是投资关系。而作为投资者，首要考虑的就是长期利益和成本之间的权衡。机构投资者持股深度和广度越大、持股时间越长，相应的退出成本就越高。那么为了保证长期利益不受损，它们越有可能对高管的行为实施严格监督，干预高管攫取私人利益（Chen，Harford and Li，2007）。与此同时，机构投资者持股比例越高也越有助于削弱高管的控制权，发挥更积极的公司治理作用，进而约束高管利用权力攫取超额薪酬的行为。因此，预期机构投资者持股比例与高管超额薪酬水平显著负相关。

基于上述分析，本文提出研究假设：

　　　　H2：机构投资者持股有助于降低高管超额薪酬。

（三）产品市场竞争、机构投资者持股与高管超额薪酬

产品市场竞争作为一种外部治理机制，能够发挥信息传递作用，降低信息不对称。它既能为高管做出最优的投资和经营决策提供有效指引，又能够有效约束高管的经营行为。通常而言，当公司面临的市场竞争较弱时，专业的高管对公司经营不会有太大压力，而地方监管部门也没有营造良好竞争环境的动力，进而缺乏对上市公司经营监督的积极性，这给高管实施机会主义行为提供了可乘之机（申景奇和伊志宏，2010）。相反地，当公司面临的外部市场竞争较激烈时，公司间的经营效果会得到非常明显的呈现，那些经营水平较低的公司容易在激烈的市场竞争中被淘汰，而经营水平高的公司更可能占据更多的市场份额。换言之，决策质量在激烈的市场竞争中显得尤其重要。竞争会使得高管有更强烈的动机在公司经营中投入更多精力，充分展现自己的经营管理能力，提升自身声誉；与此同时，公司经营信息和高管决策信息在竞争中显得更加透明，这也迫使高管克制各种自利行为，在经营决策上更加公允尽责。

机构投资者持股同样作为一种外部治理机制，近年来发挥着重要的公司治理监督作用。机构投资者持股深度和持股广度的提升，不仅能够有效改善公司的治理结构，还能减少高管和控股股东攫取私人利益的机会主义行为（陈晓珊和刘洪铎，2019a）。譬如，持股比例较高的机构投资者在公司股东大会上拥有更多的表决权，可以适时干预股东决议，实现对高管行为的直接约束；当无法产生直接约束时，机构投资者也可以联合众多利益相关者，采取抛售股票的极端形式威胁高管的控制权，进而采取使公司股价下跌、绩效下降、声誉受损的实际行动迫使高管改变决策行为。

本文认为，产品市场竞争与机构投资者持股都有助于降低高管超额薪酬，但机构投资者的公司治理效应会明显受到产品市场竞争的影响。在公司所面临的外部市场竞争程度较高的情况下，外部市场竞争的压力会对高管起到较大的约束作用和鞭策作用，从而抑制高管攫取私人利益的行为，此时机构投资者持股所发挥的边际效应比较有限；相反地，在公司所面临的外部市场竞争程度较低的情况下，由于缺乏竞争压力，高管会有较为强烈的动机利用权力获得非正常收入，此时机构投资者持股能够发挥更有效的监督作用，约束高管的机会主义行为。由此可见，机构投资者持股对高管超额薪酬的抑制作用会随着产品市场竞争的增强而减弱。

基于上述分析，本文提出研究假设：

H3：产品市场竞争与机构投资者持股在降低高管超额薪酬方面存在明显的替代性。

三、研究设计

（一）样本与数据来源

本文选择我国沪深两市 A 股主板上市公司为研究对象，样本区间界定为 2010～2017 年，并对原始样本进行相关处理，包括剔除样本区间内的 *ST 和 ST 公司、金融服务类公司、数据缺失严重的公司等，最终获得 16903 个样本观测值。需要说明的是，本文选择 2010 年作为样本起始年主要是考虑到使样本区间较为平稳，避免类似 2006 年的牛市、2008 年的国际金融危机和"限薪令"等事件可能对研究结论产生的影响。无特别说明时，本文的原始数据来自国泰安中国经济金融研究数据库（CSMAR），其中，机构投资者数据来自 CCER（色诺芬）数据库，高管超额薪酬由笔者构建计量模型估计所得。为避免异常值影响，本文对所有连续变量都进行 1% 和 99% 的 Winsorize 处理。

（二）模型设计与变量说明

为了考察产品市场竞争与机构投资者持股对高管超额薪酬的影响，本文构建以下计量模型进行实证检验：

$$Overpay_{i,t} = \alpha_0 + \alpha_1 Holder_{i,t} + \alpha_2 Competition_{i,t} + \Gamma Control_{i,t}$$
$$+ \sum Year_t + \sum Industry_i + \varepsilon_{i,t} \tag{1}$$

模型（1）中，被解释变量 *Overpay* 表示高管超额薪酬，本文主要借鉴陈晓珊和刘洪铎（2019a），Core、Guay 和 Larcker（2008）的做法构建模型（2）进行回归估计，得到预期正常薪酬 *Pay_expected*，进而运用模型（3）求出高管超额薪酬。

$$Pay_{i,t} = \beta_0 + \beta_1 Size_{i,t} + \beta_2 Roe_{i,t} + \beta_3 Roe_{i,t-1} + \beta_4 Lev_{i,t}$$
$$+ \sum Year_t + \sum Industry_i + \varepsilon_{i,t} \tag{2}$$

$$Overpay_{i,t} = Pay_{i,t} - Pay\_expected_{i,t} \tag{3}$$

模型（1）中，变量 *Holder* 表示机构投资者持股，本文主要选择机构投资者持有本公司的股份比例进行刻画，具体为剔除非金融类上市公司持股之外的所有机构投资者对公司的持股比例之和。变量 *Competition* 表示产品市场竞争。目前关于产品市场竞争的衡量指标有行业层面和企业层面两类，这两类中最常见的指标分别为赫芬达尔指数（HHI）和勒纳指数。考虑到上市公司仅占行业内全部企业的较小比例，仅采用上市公司数据测算 HHI 会导致较大偏差。而勒纳指数出于微观个体盈利角度考虑，更能够反映上市公司的市场势力（陈晓珊和刘洪铎，2019b）。因此，本文主要借鉴 Griffith（2001）的做法，采用勒纳指数刻画产品市场竞争，并且由于该指数是竞争的反向指标，值越大表示企业的市场竞争性越弱，本文采用勒纳指数的倒数作为产品市场竞争的衡量指标。*Control* 为一组控制变量，主要包括可能影响高管超额薪酬的公司特征变量和治理机制。此外，本文还同时控制年度和行业固定效应。综上，文中主要变量的定义如表 1 所示。

表 1　变量说明与定义

变量类型	变量符号	变量名称	变量定义
被解释变量	*Overpay*	高管超额薪酬	根据模型（2）和模型（3）估计所得
解释变量	*Holder*	机构投资者持股	证券投资基金、社保基金、QFII、券商、保险公司、信托公司、财务公司等机构投资者的持股比例之和
	Competition	产品市场竞争	1/［（主营业务收入 – 主营业务成本）/主营业务收入］
控制变量	*Lnallowance*	独立董事薪酬激励	独立董事津贴的自然对数
	Equity	第一大股东持股比例	第一大股东持股数量/公司股票数量
	Perks	高管在职消费	管理费用/营业收入
	Power	高管权力	采用权力积分变量衡量:若董事长与总经理两职合一,取值1,否则取值0;若第一大股东持股比例/第二至第十大股东持股比例之和小于1,取值1,否则取值0;若高管持股,取值1,否则取值0;将上述三个变量累加所得
	Z_score	股权制衡度	第一大股东持股比例/第二大股东持股比例
	Director	董事会规模	董事会人数
	Supervisor	监事会规模	监事会人数
	Age_average	高管职业生涯关注	董事、监事和高管的平均年龄
	Num_total	高管规模	董事、监事和高管的总人数
	Share_manage	高管持股比例	高管持有本公司的股份比例
	Roe	公司业绩	净利润/营业收入
	Size	公司规模	总资产的自然对数
	Lev	资产负债率	总负债/总资产
	Year	年度固定效应	虚拟变量,对应某一年度取值1,否则取值0
	Industry	行业固定效应	虚拟变量,对应某一行业取值1,否则取值0

四、实证分析

（一）描述性统计分析

表 2 列示了所有变量的描述性统计信息。可以看到，在 2010 ~ 2017 年的考察期间，我国上市公司高管超额薪酬（*Overpay*）的均值为 0.225，最小值为 – 1.516，最大值为

1.534，标准差达到 0.676。上市公司间机构投资者持股比例差距较大，平均持股4.810%，机构投资者持股（*Holder*）的标准差达到 4.397，最小值为 0，最大值为34.390。样本公司的产品市场竞争（*Competition*）的均值为 14.668，说明我国上市公司间的行业竞争较为激烈。

表 2 变量描述性统计

变量	均值	标准差	最小值	最大值
Overpay	0.225	0.676	− 1.516	1.534
Holder	4.810	4.397	0	34.390
Competition	14.668	76.146	− 351.919	418.148
Lnallowance	10.720	1.548	0	12.210
Equity	35.600	15.440	0.485	75.400
Perks	0.100	0.080	0.010	0.489
Power	1.473	0.873	0	3
Z-score	10.850	18.190	1.003	116.800
Director	5.410	1.929	3	10
Supervisor	3.615	1.442	2	8
Age_average	45.560	10.250	40	55
Num_total	16.810	5.500	10	32
Share_manage	4.094	10.480	0	51.430
Roe	0.091	0.133	− 0.495	0.554
Size	22.090	1.292	19.610	26.020
Lev	0.431	0.217	0.047	0.920

（二）相关性分析

表 3 报告了主要变量的 Pearson 相关性检验结果。① 可以看到，产品市场竞争与机构投资者持股都与高管超额薪酬显著负相关，初步表明产品市场竞争与机构投资持股作为公司的外部治理机制，有助于降低公司代理成本。从相关系数的大小看，各解释变量与被解释变量之间的相关系数都明显小于 0.5；进一步的 VIF 和 1/VIF 检验结果显示，关键变量间的方差膨胀因子都较小，充分表明本文的变量间不存在严重的多重共线性问题。

---

① 限于篇幅，解释变量与控制变量、控制变量与被解释变量等之间的相关性结果以及对应的 VIF、1/VIF 等检验结果均未报告，备索。

表 3　变量相关性检验

变量	*Overpay*	*Holder*	*Competition*	VIF	1/VIF
Overpay	1				
Holder	− 0.005 ***	1		1.05	0.949
Competition	− 0.019 **	− 0.010	1	2.82	0.354

注：*** 、** 、* 分别表示在 1%、5%、10% 的统计水平上显著，下文同；表中数据由软件 Stata13.0 计算，经笔者整理。

（三）实证分析

通过 Hausman 检验，本文的基础模型即式（1）适合固定效应估计。表 4 报告了全样本的基础回归结果。第（1）列和第（2）列显示，在未加入控制变量和加入控制变量时，机构投资者持股（*Holder*）的回归系数分别为 − 0.0079 和 − 0.0087，并且均在 1% 的统计水平上显著，表明机构投资者作为一种外部治理机制，能够抑制高管获取超额薪酬的机会主义行为，有效发挥降低公司代理成本的作用，验证了假设 H2，同时也反映了上市公司应该不断强化机构投资者的监管作用。第（3）列和第（4）列显示，在未加入控制变量和加入控制变量时，产品市场竞争（*Competition*）的回归系数分别为 − 0.0002 和 − 0.0001，并且都在 5% 的统计水平上显著，表明产品市场竞争越激烈越有助于降低高管超额薪酬，充分肯定了产品市场竞争的公司治理作用，验证了假设 H1。第（5）列将机构投资者持股与产品市场竞争同时引入模型，回归结果未发生较大变化。第（6）列为加入控制变量的回归结果，可以看到，在加入可能影响高管超额薪酬的一系列控制变量后，机构投资者持股与产品市场竞争这两个变量回归系数的符号和显著性水平均未发生明显改变，再次验证了假设 H1 和假设 H2。由于控制变量不是本文关注的重点，故此处不对它们做详细讨论。

表 4　产品市场竞争、机构投资者持股与高管超额薪酬的关系检验结果

变量	（1）	（2）	（3）	（4）	（5）	（6）
Holder	− 0.0079 ***	− 0.0087 ***			− 0.0079 ***	− 0.0088 ***
	(0.002)	(0.002)			(0.002)	(0.002)
Competition			− 0.0002 **	− 0.0001 **	− 0.0002 **	− 0.0001 **
			(0.000)	(0.000)	(0.000)	(0.000)
Lnallowance		0.0201 ***		0.0199 ***		0.0202 ***
		(0.004)		(0.004)		(0.004)
Equity		0.0019 ***		0.0022 ***		0.0019 ***
		(0.001)		(0.001)		(0.001)
Perks		0.1770 *		0.1657		0.1689
		(0.104)		(0.104)		(0.104)

续表

变量	（1）	（2）	（3）	（4）	（5）	（6）
Power		0.0609 ***		0.0600 ***		0.0608 ***
		（0.009）		（0.009）		（0.009）
Z_score		− 0.0029 ***		− 0.0026 ***		− 0.0029 ***
		（0.000）		（0.000）		（0.000）
Director		− 0.0089		− 0.0083		− 0.0088
		（0.006）		（0.006）		（0.006）
Supervisor		− 0.0389 ***		− 0.0385 ***		− 0.0388 ***
		（0.008）		（0.008）		（0.008）
Age_average		− 0.0026 ***		− 0.0027 ***		− 0.0027 ***
		（0.001）		（0.001）		（0.001）
Num_total		0.0161 ***		0.0162 ***		0.0161 ***
		（0.003）		（0.003）		（0.003）
Share_manage		− 0.0000		0.0001		0.0000
		（0.001）		（0.001）		（0.001）
Roe		0.1398 **		0.1171 **		0.1386 **
		（0.059）		（0.059）		（0.059）
Size		− 0.0215 **		− 0.0263 ***		− 0.0216 **
		（0.009）		（0.009）		（0.009）
Lev		− 0.1140 **		− 0.1177 **		− 0.1133 **
		（0.048）		（0.048）		（0.048）
常数项	0.2632 ***	0.4576 **	0.2277 ***	0.5136 ***	0.2657 ***	0.4619 **
	（0.011）	（0.198）	（0.008）	（0.197）	（0.011）	（0.198）
行业	控制	控制	控制	控制	控制	控制
年度	控制	控制	控制	控制	控制	控制
样本量（个）	16902	16902	16902	16902	16902	16902
调整 R^2	0.210	0.231	0.208	0.228	0.211	0.231

注：回归中按公司代码进行了 cluster 处理，小括号内为 cluster 聚类稳健标准误；下文同。

为了更直观地展示产品市场竞争与机构投资者持股之间的关系，本文参考陈晓珊和刘洪铎（2019b）的做法，按产品市场竞争的高低将全样本平均分为 9 个组，将最高的 3 个组定义为高竞争组，将中间 3 个组定义为中竞争组，将最低的 3 个组定义为低竞争组，分析在不同的产品市场竞争强度下，机构投资者持股对高管超额薪酬的边际效应有何变化趋势，以此判断产品市场竞争与机构投资者持股之间关于公司治理效应的关系。具体而言，当机构投资者持股对高管超额薪酬的边际效应随产品市场竞争激烈程度的减弱而上升时，表明两种机制之间存在替代效应；相反地，当机构投资者持股对高管超额薪酬的边际效应随产品市场竞争激烈程度的减弱而下降时，表明两种机构之间存在互补效应。

表 5 报告了按产品市场竞争强度分组的回归结果。可以看到，随着产品市场竞争激烈程度的降低，机构投资者持股对高管超额薪酬的抑制效应逐渐增强，回归系数高度显著。具体而言，对应高竞争→中竞争→低竞争三个组别，机构投资者持股对高管超额薪酬的边际效应分别为 −0.0073→−0.0098→−0.0112，绝对值呈现单调递增的趋势，并且组间系数差异检验表明三组系数两两之间的差异均显著，验证了假设 H3。此外，本文也进一步借鉴牛建波和李维安（2007）的做法，以构建机构投资者持股与产品市场竞争交互项的方式验证两种机制间的交互关系。如表 5 中全样本的回归结果所示，机构投资者持股与产品市场竞争两个变量的回归系数显著为负，而交互项的回归系数显著为正，表明随着产品市场竞争激烈程度的提高，机构投资者持股对高管超额薪酬的抑制效应逐渐减弱，这反映了机构投资者持股与产品市场竞争这两种机制之间关于高管超额薪酬的治理效应存在明显的替代关系，再次验证了假设 H3。

表 5　产品市场竞争与机构投资者持股关于公司治理效应的交互关系检验结果

变量	高竞争组	中竞争组	低竞争组	全样本
Holder	−0.0073 *** （0.002）	−0.0098 *** （0.002）	−0.0112 *** （0.003）	−0.0098 *** （0.002）
Competition				−0.0001 ** （0.000）
Holder × Competition				0.0146 ** （0.006）
控制变量	控制	控制	控制	控制
行业	控制	控制	控制	控制
年度	控制	控制	控制	控制
样本量（个）	5603	5605	5604	16902
调整 R^2	0.246	0.224	0.262	0.227
组间系数差异检验	$chi^2(1) = 5.70$ $p = 0.017$	$chi^2(1) = 15.81$ $p = 0.000$	$chi^2(1) = 3.00$ $p = 0.083$	

注：组间系数差异检验采用的是基于似无相关模型（SUR）的检验；下文同。

（三）稳健性检验

为使研究结论更加可靠，本文进行以下稳健性检验。

1. 内生性问题

前文研究证明机构投资者持股和产品市场竞争与高管超额薪酬之间均存在显著的负向关系，为了缓解可能存在互为因果的内生性问题，本文分别选择机构投资者持股的行业均值（*Holder_ind*）和产品市场竞争的行业均值（*Competition_ind*）作为机构投资者持股和产品市场竞争的工具变量，并采用 2SLS 估计方法进行回归。

表 6 报告了控制内生性的检验结果。2SLS 估计的第一阶段回归结果显示，机构投资者持股的行业均值与样本公司的机构投资者持股高度正相关，相关系数为 0.9695，并且在 1% 的统计水平上显著；产品市场竞争的行业均值与样本公司面临的产品市场竞争同样高度正相关，回归系数为 0.9970。与此同时，两个工具变量都通过 F 检验、不可识别检验和弱识别检验。2SLS 估计的第二阶段回归结果显示，全样本中机构投资者持股（*Holder*）的回归系数为 −0.0129，产品市场竞争（*Competition*）的回归系数为 −0.0073，并且都在 5% 的统计水平上显著，表明机构投资者持股和产品市场竞争都与高管超额薪酬呈现显著的负相关关系。此外，对应高竞争→中竞争→低竞争三个组别，机构投资者持股对高管超额薪酬的边际效应分别为 −0.0201→−0.0254→−0.0462，绝对值呈现单调递增的趋势，并且组间系数差异检验表明三组系数两两之间的差异均显著，进一步证实了两种机制间的替代性。上述结论反映了本文的研究结论在控制内生性之后依然成立。

表 6　控制内生性的检验结果

变量	第一阶段	
	因变量：*Holder*	因变量：*Competition*
IV：*Holder_ind*	0.9695 *** (0.043)	
IV：*Competition_ind*		0.9970 *** (0.073)
控制变量	控制	控制
行业	控制	控制
年度	控制	控制
F 检验	255.24 *** (0.0000)	93.90 *** (0.0000)
不可识别检验	90.37 *** (0.0000)	90.37 *** (0.0000)
弱识别检验	11.88 ** (0.0027)	11.88 ** (0.0027)
样本量（个）	16903	16903
调整 R^2	0.299	0.299

变量	第二阶段			
	全样本	高竞争组	中竞争组	低竞争组
Holder	−0.0129 ** (0.005)	−0.0201 * (0.011)	−0.0254 *** (0.009)	−0.0462 *** (0.014)
Competition	−0.0073 ** (0.003)			

续表

变量	第二阶段			
	全样本	高竞争组	中竞争组	低竞争组
控制变量	控制	控制	控制	控制
行业	控制	控制	控制	控制
年度	控制	控制	控制	控制
样本量(个)	16903	5634	5634	5635
调整 R^2	0.299	0.268	0.211	0.202
组间系数差异检验		$chi^2(1) = 3.87$ $p = 0.049$	$chi^2(1) = 11.70$ $p = 0.001$	$chi^2(1) = 3.47$ $p = 0.062$

2. 替换关键变量

基于模型（2）和模型（3）对高管超额薪酬水平的估计，本部分构建高管是否获得超额薪酬的虚拟变量（$Overpay\_dum$）以替换高管超额薪酬，当高管超额薪酬水平大于零时，$Overpay\_dum$ 取值 1，反之取值 0。考虑到被解释变量是取值 0 或 1 的虚拟变量，故采用 Logit 估计方法，具体回归结果如表 7 所示。可以看到，替换被解释变量之后，机构投资者持股与产品市场竞争对高管超额薪酬的影响未发生实质性改变，与此同时，对应高竞争→中竞争→低竞争三个组别，机构投资者持股对高管超额薪酬的边际效应分别为 -0.0200→-0.0298→-0.0305，绝对值呈现单调递增的趋势，并且组间系数差异检验表明三组系数两两之间的差异均显著，进一步佐证了产品市场竞争与机构投资者持股之间关于降低高管超额薪酬存在明显的替代性。

表 7　替换关键变量的检验结果

变量	因变量:$Overpay\_dum$			
	全样本	高竞争组	中竞争组	低竞争组
$Holder$	-0.0235 *** (0.006)	-0.0200 ** (0.009)	-0.0298 *** (0.009)	-0.0305 *** (0.009)
$Competition$	-0.0005 *** (0.000)			
控制变量	控制	控制	控制	控制
行业	控制	控制	控制	控制
年度	控制	控制	控制	控制
样本量(个)	15183	5072	4991	5005
调整 R^2/ Pseudo R^2	0.072	0.079	0.079	0.090
组间系数差异检验		$chi^2(1) = 4.33$ $p = 0.037$	$chi^2(1) = 9.53$ $p = 0.002$	$chi^2(1) = 7.53$ $p = 0.006$

续表

变量	因变量：*Overpay*			
	全样本	高竞争组	中竞争组	低竞争组
Holder	−0.0041 **	−0.0077 ***	−0.0090 ***	−0.0096 ***
	(0.002)	(0.003)	(0.003)	(0.003)
Hhi	−0.0039 ***			
	(0.01)			
控制变量	控制	控制	控制	控制
行业	控制	控制	控制	控制
年度	控制	控制	控制	控制
样本量（个）	16902	5602	5652	5648
调整 R^2 / Pseudo R^2	0.082	0.155	0.255	0.281
组间系数差异检验		$chi^2(1) = 19.20$ $p = 0.000$	$chi^2(1) = 4.77$ $p = 0.029$	$chi^2(1) = 7.67$ $p = 0.006$

前文采用勒纳指数的倒数衡量产品市场竞争，作为稳健性检验，本文采用赫芬达尔指数（HHI）作为产品市场竞争的稳健性检验变量，其计算方法为样本公司年营业收入占行业年营业收入比例的平方和，当行业内的公司数目一定时，HHI 越大表明样本公司的市场占有率越高，即公司对市场的垄断性越强，反映样本公司所在行业的市场竞争越不激烈，故 HHI 与勒纳指数一样都是竞争的反向指标。因此，本文同样采用HHI 的倒数（*Hhi*）刻画产品市场竞争。与前文一致，本部分关于竞争程度的划分主要是按 *Hhi* 的高低将样本平均分为 9 个组，将 *Hhi* 最高的 3 个组定义为高竞争组，将中间3 个组定义为中竞争组，将最低的 3 个组定义为低竞争组。具体回归结果如表 7 所示。可以看到，替换产品市场竞争变量后，机构投资者持股与产品市场竞争仍至少在 5% 的统计水平上能够降低高管超额薪酬，并且对应高竞争→中竞争→低竞争三个组别，机构投资者持股对高管超额薪酬的边际效应分别为 −0.0077 → −0.0090 → −0.0096，绝对值呈现单调递增的趋势，并且组间系数差异检验表明三组系数两两之间的差异均显著，充分说明两种机制间的替代性。

3. 替换估计方法

考虑到本文的样本中并不是所有的上市公司高管都获得超额薪酬，样本可能存在明显的聚类现象，故本部分采用 Tobit 估计替换固定效应估计进行稳健性检验。表 8 报告了替换估计方法的检验结果。可以看到，在采用 Tobit 估计方法进行回归之后，机构投资者持股的回归系数为 −0.0048，产品市场竞争的回归系数为 −0.0002，并且都在5% 的统计水平上显著，表明提高机构投资者持股比例和产品市场竞争程度均有助于降低高管超额薪酬，再次验证了研究假设 H1 和假设 H2。此外，对应高竞争→中竞争→低竞争三个组别，机构投资者持股对高管超额薪酬的边际效应分别为 −0.0068 →

−0.0077→−0.0081，绝对值单调递增，并且组间系数差异检验表明三组系数两两之间的差异均显著，充分验证了机构投资者持股和产品市场竞争这两种机制在降低高管超额薪酬方面的替代性，佐证了研究假设 H3。上述结论表明，替换估计方法并未改变本文的研究结论。

表 8 替换估计方法的检验结果

变量	因变量:*Overpay*			
	全样本	高竞争组	中竞争组	低竞争组
Holder	−0.0048** (0.002)	−0.0068** (0.003)	−0.0077** (0.003)	−0.0081** (0.004)
Competition	−0.0002** (0.000)			
控制变量	控制	控制	控制	控制
行业	控制	控制	控制	控制
年度	控制	控制	控制	控制
样本量(个)	16903	5607	5607	5606
调整 R^2	0.017	0.015	0.016	0.026
组间系数差异检验		$chi^2(1)=10.01$ p=0.002	$chi^2(1)=4.62$ p=0.032	$chi^2(1)=8.98$ p=0.003

五、进一步分析

前文基于全样本的研究发现，机构投资者持股与产品市场竞争均与高管超额薪酬呈现显著的负相关关系，并且这两种机制在降低高管超额薪酬方面发挥着明显的替代作用。那么，随之而来的问题是：国有性质和非国有性质的公司所面对的市场竞争程度不同，那么公司的产权性质是否会对上述结论产生影响？此外，高管超额薪酬是高管权力的产物，上述研究结论是否也会受到高管权力的影响？本部分将着重对这两个问题进行分析，以进一步夯实本文的研究结论。

（一）产权性质的影响

一直以来，国有企业所有者虚位导致内部人控制现象，在缺乏有效监督的情况下，随着权力的持续扩张和面对预算软约束，国企高管获取超额薪酬的问题日益显现，在实践中也成为学者和投资者关注的焦点。譬如，任广乾（2017）基于 50 家国有上市公司的样本数据研究发现，国有企业的总经理取得明显超过民营企业总经理的超额薪酬。在中国制度背景下，国有企业为政府承担了一系列政策性负担。为确保各项任务的完成和目标的实现，政府通常都会对国有企业予以补助，试图缓解国企的资金压力，但缺乏有效监督的政府补助资源也给掌握着国企控制权的理性高管谋取私人利益提供了契机。这些增加的可控资源引致高管更有能力实现收益的提升，从而使得他们更有积极性去争取政府补助。譬如，刘剑民、张莉莉和杨晓璇（2019）研究指出，政府补助国有企业在给它们带来积极效果的同时也为国有企业高管获取超额薪酬提供了机会，并且管理层权力在政府补助与高管超额薪酬之间发挥中介效应。与国有企业不同的是，非国有企业的高管通常面临严格的薪酬契约制度，他们所获得的薪酬与公司绩效息息相关，并且政府给非国有企业提供的补助资源也相对有限，所以非国有企业的高管超额薪酬水平相对较低。综上，考虑到不同产权性质的企业间高管超额薪酬存在明显差异，作为公司外部治理机制，预期产品市场竞争与机构投资者持股对国有企业高管超额薪酬的抑制效应要明显强于非国有企业，并且两者之间的替代关系也会在国有企业中更明显。

　　基于上述理论分析，本文依据上市公司的最终控制人性质对全样本进行划分，如果上市公司的最终控制人为各级政府，则确定为国有企业，否则确定为非国有企业。表9报告了产权性质的影响检验结果。可以看到，机构投资者持股和产品市场竞争都能够有效降低国有企业的高管超额薪酬，但对非国有企业未能产生显著的影响。从分组的回归结果看，对应高竞争→中竞争→低竞争三个组别，国有企业中机构投资者持股对高管超额薪酬的边际效应分别为 $-0.0103 \rightarrow -0.0142 \rightarrow -0.0173$，绝对值呈现明显的单调递增趋势，并且组间系数差异检验表明三组系数两两之间的差异均显著，表明在国有企业中机构投资者持股与产品市场竞争这两种机制在降低高管超额薪酬方面存在明显的替代性，但未有证据表明非国有企业中也存在类似的情况。上述结论表明，前文的基本研究结论仅在国有企业中成立。

表 9　产品市场竞争、机构投资者持股与高管超额薪酬：产权性质的影响

变量	国有企业			
	全样本	高竞争组	中竞争组	低竞争组
Holder	− 0.0136 ***	− 0.0103 ***	− 0.0142 ***	− 0.0173 ***
	(0.002)	(0.003)	(0.003)	(0.003)
Competition	− 0.0002 *			
	(0.000)			
控制变量	控制	控制	控制	控制
行业	控制	控制	控制	控制
年度	控制	控制	控制	控制
样本量（个）	9363	2696	3662	2964
调整 R^2	0.156	0.165	0.192	0.201
组间系数差异检验		chi^2(1) = 4.74 p = 0.030	chi^2(1) = 12.37 p = 0.000	chi^2(1) = 10.76 p = 0.001

续表

变量	非国有企业			
	全样本	高竞争组	中竞争组	低竞争组
Holder	−0.0028 (0.002)	−0.0051 (0.003)	−0.0023 (0.004)	−0.0057 * (0.003)
Competition	−0.0001 (0.000)			
控制变量	控制	控制	控制	控制
行业	控制	控制	控制	控制
年度	控制	控制	控制	控制
样本量(个)	7539	2898	1929	2637
调整 R^2	0.342	0.389	0.359	0.372
组间系数差异检验		$chi^2(1) = 12.12$ $p = 0.000$	$chi^2(1) = 8.66$ $p = 0.003$	$chi^2(1) = 2.89$ $p = 0.089$

（二）高管权力的影响

高管权力作为高管攫取超额薪酬的关键原因，现已成为投资者进行投资决策的考虑因素之一。相关研究表明，当难以形成与大股东抗衡的股权结构时，机构投资者存在明显的选择性进入问题，表现为较少投资者会选择进入高管权力较大的公司（周绍妮、王中超和操群，2019）。相反地，在高管权力较小的公司中，机构投资者可以充分体现自己的控股地位，从而也能较好地发挥监督作用。而产品市场竞争对高管超额薪酬的治理效应更多是通过竞争压力来缓解信息不对称问题。体现在高强度竞争环境下，通过竞争来传递高管能力与努力的信息，提升市场对高管能力与努力的甄别，从而实现对高管行为的约束和决策的监督，尤其是当高管权力较大时，产品市场竞争机制更能够发挥强大的监督作用，弥补机构投资者的缺失。

综上，预期机构投资者持股对高管超额薪酬的抑制效应在高管权力较小的公司中更加明显，而产品市场竞争对高管超额薪酬的抑制效应在高管权力较大的公司中更加明显；并且由于在高管权力较大的公司中机构投资者可能存在选择性进入问题，此类公司更可能主要依靠产品市场竞争来发挥作用，因此预期产品市场竞争与机构投资者持股在降低高管超额薪酬方面的替代关系在高管权力较小的公司中更加明显。

基于上述理论分析，本文依据高管权力积分变量（*Power*）的高低将全样本平均分为6个组，将 *Power* 较高的3个组定义为高管权力大组，将较低的3个组定义为高管权力小组。表10报告了高管权力的影响检验结果。可以看到，无论样本公司的高管权力大小，机构投资者持股和产品市场竞争这两种机制均能够有效降低高管超额薪酬。从回归系数的大小看，机构投资者持股对高管权力小组的作用略大，组间系数差异检验的结果为 $chi^2(1) = 7.23$（$p = 0.007$）；而产品市场竞争对高管权力大组的作用略大，组间系数差异检验的系数为 chi^2（1）＝4.43（p＝0.035）。产生上述结论的原因除了选择性进入问题外，也可能是由于机构投资者与上市公司同时存在商业关系和投资关系，高管权力越大越可能约束机构投资者发挥积极的监督作用，而产品市场竞争作为一种外部的客观环境因素，更能够约束由于高管权力过大所导致的高管攫取私人利益的机会主义行为。

表 10　产品市场竞争、机构投资者持股与高管超额薪酬：高管权力的影响

变量	高管权力大组			
	全样本	高竞争组	中竞争组	低竞争组
Holder	− 0.0047 ** （0.002）	− 0.0086 ** （0.003）	− 0.0095 *** （0.003）	− 0.0046 （0.004）
Competition	− 0.0002 * （0.000）			
控制变量	控制	控制	控制	控制
行业	控制	控制	控制	控制
年度	控制	控制	控制	控制
样本量（个）	8499	2673	3114	2672
调整 R^2	0.153	0.228	0.210	0.251
组间系数差异检验		chi^2（1）＝4.51 p＝0.034	chi^2（1）＝5.55 p＝0.018	chi^2（1）＝3.64 p＝0.056
变量	高管权力小组			
	全样本	高竞争组	中竞争组	低竞争组
Holder	− 0.0080 *** （0.002）	− 0.0065 ** （0.003）	− 0.0082 ** （0.004）	− 0.0163 *** （0.003）
Competition	− 0.0001 * （0.000）			
控制变量	控制	控制	控制	控制
行业	控制	控制	控制	控制
年度	控制	控制	控制	控制
样本量（个）	8404	2921	2484	2926
调整 R^2	0.197	0.279	0.272	0.299
组间系数差异检验		chi^2（1）＝7.33 p＝0.007	chi^2（1）＝10.20 p＝0.001	chi^2（1）＝4.49 p＝0.034

　　从分组的回归结果看，对应高竞争→中竞争→低竞争三个组别，高管权力小组中机构投资者持股对高管超额薪酬的边际效应分别为 − 0.0065→ − 0.0082→ − 0.0163，绝对值呈现显著的递增趋势，并且组间系数差异检验表明三组系数两两之间的差异均显著，表明在高管权力较小的公司中，机构投资者持股与产品市场竞争这两种机制在降低高管超额薪酬方面存在明显的替代性。但未有证据表明高管权力较大的公司中也存在类似的情况。上述结论表明，前文的基本研究结论仅在高管权力较小的公司中成立。

六、结论与启示

本文选择我国沪深两市 A 股非金融类上市公司 2010～2017 年的微观数据，以反映公司代理成本的高管超额薪酬为研究视角，系统而全面地实证研究了产品市场竞争、机构投资者持股与高管超额薪酬之间的关系，从而检验两种机制间的公司治理效应以及相互间的交互关系。研究结果表明，产品市场竞争与机构投资者持股作为公司重要的外部治理机制，能够有效降低高管超额薪酬，并且这两种机制在降低高管超额薪酬方面存在明显的替代性；进一步分析发现，这种替代性在国有企业和高管权力较小的公司中更明显。

本文研究的政策含义是，对于上市公司而言，在完善自身治理框架的实践中要注重内外治理机制的联合建设以及各机制间的相互作用，从而最大化地发挥各治理机制的公司治理效应，增强公司治理的有效性；对于政府而言，应该扮演积极的"引导人"角色，通过营造良好的市场竞争氛围，规范市场竞争秩序，从而强化产品市场竞争的外部治理作用；对于证监部门而言，应深化机构投资者的规范政策，从持股结构和持股规模两方面着手制定相关政策，促进机构投资者积极参与公司治理的实践，从而充分发挥"监督者"的功能。

参考文献

陈晓珊，刘洪铎. 2019a. 机构投资者持股、高管超额薪酬与公司治理. 广东财经大学学报，2：46 - 59.

陈晓珊，刘洪铎. 2019b. 高管在职消费与产品市场竞争的公司治理效应：替代还是互补. 浙江工商大学学报，4：53 - 68.

陈晓珊. 2017. 高管薪酬激励与产品市场竞争的公司治理效应：替代还是互补. 人文杂志，9：46 - 57.

陈震，汪静. 2014. 产品市场竞争、管理层权力与高管薪酬——规模敏感性. 中南财经政法大学学报，4：135 - 142.

程新生，刘建梅，陈靖涵. 2015. 才能信号抑或薪酬辩护：超额薪酬与战略信息披露. 金融研究，12：146 - 164.

郭科琪. 2014. 上市公司高管超额薪酬问题研究——基于董事会性别构成的视角. 财政研究，5：18 - 21.

姜付秀，黄磊，张敏. 2009. 产品市场竞争、公司治理与代理成本. 世界经济，10：46 - 59.

刘剑民，张莉莉，杨晓璇. 2019. 政府补助、管理层权力与国有企业高管超额薪酬. 会计研究，8：64 - 70.

刘志强. 2015. CEO 权力、产品市场竞争与在职消费. 云南财经大学学报，6：124 - 134.

罗宏，黄敏，周大伟，刘宝华. 2014. 政府补助、超额薪酬与薪酬辩护. 会计研究，1：42 - 48.

牛建波，李维安. 2007. 产品市场竞争和公司治理的交互关系研究. 南大商学评论，1：83 - 103.

权小锋，吴世农，文芳. 2010. 管理层权力、私有收益与薪酬操纵. 经济研究，11：73 - 87.

任广乾. 2017. 国有企业高管超额薪酬的实现路径及其约束机制研究. 西南大学学报（社会科学版），2：65 - 73.

申景奇，伊志宏. 2010. 产品市场竞争与机构投资者的治理效应——基于盈余管理的视角. 山西财经大学学报，11：50 - 59.

孙光国，刘爽，赵健宇. 2015. 大股东控制、机构投资者持股与盈余管理. 南开管理评论，5：75 - 84.

王明虎，章铁生. 2017. 产品市场竞争、资本结构波动与费用粘性. 商业经济与管理，3：69 - 80.

吴昊旻，杨兴全，魏卉. 2012. 产品市场竞争与公司股票特质性风险. 经济研究，6：101 - 115.

夏宁，杨硕. 2018. 异质性机构投资者持股水平与审计收费. 审计研究，2：72 - 79.

邢立全，陈汉文. 2013. 产品市场竞争、竞争地位与审计收费——基于代理成本与经营风险的双重考量. 审计研究，3：50 - 58.

张济建，苏慧，王培. 2017. 产品市场竞争、机构投资者持股与企业 R&D 投入关系研究. 管理评论，11：89 - 97.

周绍妮，王中超，操群. 2019. 高管权力、机构投资者与并购绩效. 财经论丛，9：73 - 81.

Aghion, P. , M. Dewatripont, & P. Rey. 1999. Competition, financial discipline and growth. *The Review of Economic Studies*, 66 (4): 825 - 852.

Almazan, A. , J. C. Hartzell, & L. T. Starks. 2005. Active institutional shareholders and cost of monitoring: Evidence from executive compensation. *Financial Management*, 34 (4): 5 - 34.

Bebchuk, L. A. , & J. M. Fried. 2003. Executive compensation as an agency problem. *Journal of Economic Perspectives*, 17 (3): 71 - 92.

Beiner, S. , M. Schmid, & G. Wanzenried. 2011. Product market competition, managerial incentives, and firm valuation. *European Financial Management*, 17 (2): 331 - 366.

Brandes, P. , M. Goranova, & S. Hall. 2008. Navigating share-holder influence: Compensation plans and the share-holder approval process. *Academy of Management Perspectives*, 2 (1): 41 - 57.

Brick, I. E. , O. Palmon, & J. K. Wald. 2006. CEO compensation, director compensation, and firm performance: Evidence of cronyism. *Social Science Electronic Publishing*, 12 (3): 403 - 423.

Chen, X. , J. Harford, & K. Li. 2007. Monitoring: Which institutions matter?. *Journal of Financial Economics*, 86 (2): 279 - 305.

Core, J. , W. Guay, & D. Larcker. 2008. The power of the pen and executive compensation. *Journal of Financial Economics*, 88 (1): 1 - 25.

Fee, C. E. , & C. J. Hadlock. 2000. Management turnover and product market competition: Empirical evidence from the U. S. newspaper industry. *Journal of Business*, 73 (2): 205 - 243.

Giroud, X. , & H. Mueller. 2011. Corporate governance, product market competition, and equity prices. *The Journal of Finance*, 66 (2): 563 - 600.

Griffith, R. 2001. Product market competition, efficiency and agency costs: An empirical analysis. IFS Working Paper.

Hartzell, J. C., & L. T. Starks. 2003. Institutional investors and executive compensation. *The Journal of Finance*, 58 (6): 2351 – 2374.

Irvine, P., & J. Pontiff. 2009. Idiosyncratic return volatility, cash flows, and product market competition. *The Review of Financial Studies*, 22 (3): 1149 – 1177.

Karuna, C. 2007. Industry product market competition and managerial incentives. *Journal of Accounting and Economics*, 43: 275 – 297.

Khan, R., R. Dharwadkar, & P. Brandes. 2005. Institutional ownership and CEO compensation: A longitudinal examination. *Journal of Business Research*, 58 (8): 1078 – 1088.

Min, D., & A. Ozkan. 2008. Institutional investors and director pay: An empirical study of UK companies. *Journal of Multinational Financial Management*, 18 (1): 16 – 29.

Morse, A., V. Nanda, & A. Seru. 2011. Are incentive contracts rigged by powerful CEOs. *The Journal of Finance*, 66 (5): 1779 – 1821.

Ning, Y., X. Hu, & G. Xavier. 2015. An empirical analysis of the impact of large changes in institutional ownership on CEO compensation risk. *Journal of Economics and Finance*, 39 (1): 23 – 47.

Peress, J. 2010. Product market competition, insider trading, and stock market efficiency. *The Journal of Finance*, 65 (1): 1 – 43.

The Corporate Governance Effect of Product Market Competition and Shareholding of Institutional Investors

Xiaoshan Chen

Abstract: This paper employs China's A-share listed companies from 2010 – 2017 as research samples and empirically tests the corporate governance effects of product market competition and shareholding of institutional investors as well as their interactional relationship. The results show that, as important external governance mechanisms, product market competition and shareholding of institutional investors can effectively reduce the executives' overpayment, and there exists substitutability between them. Further analysis finds that the above substitutability are more obvious in state-owned companies and companies which executives have less management power. The research of this paper enriches the literature in the field of corporate governance and provides empirical evidence for listed companies to further improve their governance framework as well as government to deepen relevant policies.

Keywords: Product Market Competition; Shareholding of Institutional Investors; Executives' Overpayment; Corporate Governance

第 20 卷，第 1 辑，2021 年
Vol. 20，No. 1，2021

会 计 论 坛
Accounting Forum

高管晋升激励与审计意见 *

——基于中介效应模型的检验

章琳一　　张洪辉

【摘　要】逻辑上，高管晋升激励是影响公司财务报告质量乃至审计意见的重要因素，然而现有文献研究较少。本文利用经典的中介效应模型研究发现：（1）高管晋升激励会降低非标准审计意见出现的概率；（2）在影响路径方面，公司业绩发挥着部分中介效应，盈余管理的中介效应没有得到证据支持。进一步分析发现，高管晋升激励和非标准审计意见的负相关关系主要存在于内部晋升型公司样本以及晋升概率高的公司样本中。在控制竞争性解释——高管权力影响审计意见的可能性后，本文结论仍然得到支持。文中还通过反事实推断和倾向得分匹配等方法进行稳健性分析，通过考虑反向因果关系等，进一步确保了实证结果的可靠性。

【关键词】高管晋升激励；审计意见；中介效应模型

一、引言

公司财务报告出具是整个管理层讨论和决策共同作用的结果，激励高管提高财务

收稿日期：2020 – 10 – 15

基金项目：国家自然科学基金项目（71962010；72002086）；教育部人文社科项目（18YJC790227；19YJC790182）

作者简介：章琳一，女，江西财经大学会计学院副教授，01zhang0125@163.com；张洪辉，男，江西财经大学会计学院副教授。

* 作者感谢匿名评审专家对本文的宝贵意见，但文责自负。

报告质量，是理论界和学术界关心的重点。已有激励理论指出，企业中存在两种方式的激励机制：一种是以薪酬为代表的显性激励机制；另一种是以晋升等为代表的隐性激励机制。已有关于高管薪酬激励的研究，产生了大量有价值的研究成果（Armstrong, Larker and Ormazabal et al.，2013；黄送钦、吴利华和许从宝，2017）。关于晋升激励，相关的理论研究和实证证据比较匮乏。高管晋升作为一种隐性激励制度，能够提高公司业绩（Coles, Daniel and Naveen，2006），晋升激励能够提高银行绩效（张栋和杨兴全，2015）。然而，关于高管晋升激励在公司财务报告质量中的作用，少有文献关注。Chen（2015）指出职位晋升提高了公司高管盈余管理的成本，晋升激励会抑制高管的盈余管理行为。张洪辉和章琳一（2017）从财务舞弊视角，研究了高管晋升激励的积极作用。那么，高管晋升激励是否影响审计意见？晋升激励通过何种途径影响审计意见？这些问题非常值得深入研究。

处于晋升锦标赛中的高管，晋升选拔机制促使他们勤勉工作，履行受托责任，提升公司业绩。出于职业生涯声誉考虑，公司高管也会提升公司财务报告质量（Francis, Huang and Rajgopal et al.，2008）。对于高管晋升激励与审计意见的相互关系，既可能是直接的联系——处于晋升锦标赛中的高管，会关心非标准审计意见对其职位晋升的影响，因而晋升激励与非标准审计意见出现的概率负相关；也可能是间接的关系——晋升激励促使高管提升管理水平和公司业绩，最终降低非标准审计意见出现的概率。因此，这是一个需要实证检验的问题。

本文利用中介效应模型，研究了高管晋升激励与审计意见之间的相互关系，采用2010～2018 年中国 A 股上市公司经验数据，以薪酬差距表示高管晋升激励强度，研究发现：高管晋升激励和审计意见之间存在显著的负向关系；公司业绩则在其中发挥了部分中介效应，即晋升激励促使高管提高公司业绩，进而降低非标准审计意见出现的概率。为了加强结论的可靠性，本文还从晋升概率角度研究了晋升激励和审计意见之间的相互关系。利用 CEO 变更时的继任高管来源，将样本分为内部晋升型和外部空降型，将内部晋升型定义为晋升概率高样本、外部空降型定义为晋升概率低样本，发现内部晋升型的高管晋升激励明显能够抑制非标准审计意见的出现，而外部空降型高管晋升激励对非标准审计意见的抑制作用不显著。

另外，高管为了获得非标准审计意见，也可能主动降低盈余管理水平，提高盈余质量，从而实现职位晋升（Chen，2015）。本文也分析了盈余管理在高管晋升激励和审计意见之间的中介效应，结果未发现盈余管理发挥中介效应。为了保证结果的稳健性，我们还从高管权力、反事实推断、倾向得分匹配样本和排除反向因果等方面进行了稳健性分析，增强了结论的可靠性认知。

二、文献回顾和假设提出

Lazear 和 Rosen（1981）提出锦标赛式的晋升激励理论，认为采用相对业绩评价模式（晋升激励），比采用绝对业绩评价模式（薪酬契约）要好，将业绩好的高管擢升至更高位置，能够弥补薪酬激励缺陷。对于晋升激励这种相对业绩评价模式，即使存在信息不对称和外生冲击，该评价仍然有效。审计意见是由注册会计师签发的，对上市公司财务报表是否按照会计准则编制，是否在重大方面公允地反映上市公司财务状况、经营成果和现金流量情况而发表的专业性意见。在审计意见影响因素研究方面，现有文献大致归纳为：公司的财务状况直接影响审计意见的出具（Lennox，2000）；公司的盈余管理行为会导致非标准审计意见的出现（Francis and Krishnan，1999）；诉讼风险越大的公司被出具非标准审计意见的概率越高（冯延超和梁莱歆，2010）；另外，审计收费（谌嘉席、伍利娜和王立彦，2016）、校友关系（谢盛纹和李远艳，2017）等也会影响非标准审计意见的出现。然而，少有文献关注高管晋升激励是否影响审计意见。

公司财务报告的审计意见具有重要的信息含量，对财务报告信息使用者具有重要影响。在中国资本市场下，非标准审计意见会导致公司股价异常下降，会导致更高的债务融资成本，更大的股价崩盘风险。高管晋升激励影响审计意见存在以下可能路径。（1）激励效应提升公司业绩和财务报告质量。处于晋升锦标赛中的高管，会勤勉工作以提高公司业绩（Kato and Long，2011）。这降低了盈余操控行为的发生概率，降低了非标准审计意见出现的可能性。另外，提高公司业绩需要更低的资金成本，非标准审计意见的出现，会导致公司融资资金成本增加（Karjalainen，2011）。为了降低资金成本，高管也不愿意公司获得非标准审计意见。（2）晋升激励提高了高管操纵盈余的成本。激励相容式薪酬契约导致高管薪酬有部分（股票、期权等）与公司市场价值相关，公司非标准审计意见的出现导致公司股价下降，也会导致高管薪酬缩水。所以，晋升激励会提高盈余操纵的成本，高管可能基于成本收益考虑，提高财务报告质量以避免非标准审计意见的出现。（3）晋升激励会抑制高管集体合谋，进而降低非标准审计意见出现的可能性。晋升激励是全体高管（CEO 除外）参与的锦标赛活动，操纵盈余需要全体高管合谋，需要大量的沟通和协调。然而，在晋升锦标赛中，参与人是异质的，每个参与人的偏好是不一致的（Conrads，Irlenbusch and Rilke et al.，2014），要想在个体信念不一致的高管群间实现合谋比较困难。下级高管不但是上级高管的属下，也是监督者，揭露上级高管的恶意盈余操控行为有助于高管变更（Hazarika，Karpoff and Nahata，2012），也有助于创造晋升机会。（4）声誉租金抑制了全体高管合谋操纵盈余的行为。基于未来报酬预期，高管一般都关心自己的职业声誉（Milbourn，2003）；而且一旦高管声誉受到损害，高管声誉租金会受到影响。Francis、Huang 和 Rajgopal 等（2008）发现，高管职业声誉越高，他们所在企业的盈余质量也越高。因而，处于晋升激励中的高管，会勤勉工作以提高财务报告质量，以期获得更高层级的职业声誉和未来声誉租金。（5）高管集体合谋操纵盈余还需要审计师的配合，然而却常常得不到此种配合。审计师基于自身执业风险考虑，并不一定配合高管集体合谋操纵盈余行为。在上述逻辑框架下，已有研究发现，晋升激励提高了公司高管盈余操控的成本、促使高管更加关心公司盈余质量（Chen，2015）。综合来看，我们认为公司高管会关心公司财务报表是否能够获得标准审计意见，会通过自身努力、加强管理和内部控制等手段，提高财务报告质量，避免非标准审计意见的出现。基于以上分析，本文提出假设 H1：

H1：在其他条件不变的情况下，高管晋升激励与非标准审计意见负相关。

高管晋升激励与非标准审计意见之间不但存在直接的因果关系，可能还存在间接的因果关系，即中介效应。如前所述，在晋升锦标赛中，高管有动机确保公司获得标准审计意见，可能会千方百计地提高公司业绩、确保公司财务报告真实可靠。Coles、Daniel 和 Naveen（2006）发现，处于晋升激励中的公司高管，会勤勉工作，提升公司业绩。Lennox（2000）发现，公司的财务状况直接影响审计意见出具，较差的业绩可能会导致公司获得非标准审计意见。利用中国上市公司数据，田利军（2007）证实了公司盈利能力和非标准审计意见负相关。既然高管晋升激励会提高公司业绩，较好的公司业绩会降低公司获得非标准审计意见的机会，因而公司业绩可能在高管晋升激励和审计意见之间发挥着中介效应。本文提出假设 H2：

H2：在其他条件不变的情况下，公司业绩在高管晋升激励影响非标准审计意见的过程中，发挥着中介效应。

晋升激励可能导致高管更加勤勉尽责，努力提升公司业绩和盈余质量。作为一种激励机制，Chen（2015）研究表明晋升激励提高了公司高管盈余操控的成本。Francis、Huang 和 Rajgopal 等（2008）认为，高管会关注自身的职业声誉，出于声誉考虑会主动提高公司盈余质量。高质量的盈余会促使审计师出具标准审计意见。既然晋升激励能够加强公司高管工作积极性，那么高管可能会提高公司盈余质量以获得标准审计意见。基于以上分析，本文推论盈余管理在高管晋升激励与审计意见关系中，可能发挥着中介效应。尽管苏冬蔚和林大庞（2010）发现，高管可能采用盈余管理工具，提升业绩——为了在晋升锦标赛中获胜，盈余操纵是高管选择之一（Haβ，Muller and Vergauwe，2015）。但是，高管的盈余管理行为最终要经过审计师鉴证并出具审计意见。高管恶意的盈余管理行为，想要通过审计师鉴证并且获得标准审计意见，是比较困难的，因为这会加大审计师面对的法律风险。所以，盈余管理在高管晋升激励和审计意见之间发挥中介效应的思路是，高管晋升激励抑制了盈余管理，进而导致审计师出具标准审计意见。基于以上分析，本文提出假设 H3：

H3：在其他条件不变的情况下，盈余管理在高管晋升激励影响非标准审计意见的过程中，发挥着中介效应。

三、研究设计

（一）样本与数据

关于高管晋升激励数据，本文从国泰安数据库中下载了高管人物特征具体数据，然后通过人工筛选出来。借鉴 Kato 和 Long（2011）以及张洪辉和章琳一（2017）等的方法，用薪酬差距表示高管晋升激励[1]。具体而言，高管晋升激励变量衡量方法如下：（1）董事长和非董事长高管的薪酬差距表示高管晋升激励，即 *Lngap*；（2）总经理与非总经理高管（董事长除外）的薪酬差距表示高管晋升激励，即 *Lngap2*；（3）副总之间的薪酬标准差，即 *Lnvpstd*。方法（1）和方法（2）用来衡量高管纵向晋升激励，方法（3）用来衡量高管横向晋升激励[2]。薪酬差距可能存在负值和零，即董事长、总经理薪酬可能低于其他高管，这并不表示薪酬差距没有信息含量，反而可以用于反事实推断，验证薪酬差距的积极作用。鉴于此，在取对数时，本文采用 IHS（Inverse Hyperbolic Sine）变换，以保留薪酬差距为负和零的观测值。本文借鉴张洪辉和章琳一（2017）的方法，将薪酬差距大于等于 8000 元认定为具有激励效应。

公司财务指标数据来源于国泰安数据库，公司分部数据来自 Wind 数据库。在得到上市公司财务数据后，采取以下步骤对数据进行预处理：（1）剔除金融类上市公司；（2）剔除 B 股上市公司；（3）剔除当年上市公司；（4）剔除财务数据缺失的上市公司；（5）剔除数据异常的上市公司；（6）剔除企业性质不明的上市公司；（7）剔除行业不明的上市公司。最终得到了 2010～2018 年的 12512 个观测值。所有连续性变量进行了上下各 1% 的缩尾处理。

---

[1] 诚然，有的高管临近退休时，晋升激励对他无效。但本文研究全体高管晋升激励，单个高管临近退休并不对全体高管晋升激励锦标赛产生影响。

[2] 对于高管而言，从同一级别不重要、权力小的岗位调整到同一级别重要、权力大、薪酬高的岗位，也是一种晋升，本文将之视为横向晋升。

（二）模型与变量说明

为了验证假设 H1，本文建立如下模型：

$$Opinion = \alpha_0 + \alpha_1 GAP + Controls + \sum Ind + \sum Year + \varepsilon_{it} \qquad (1)$$

同时，本文也借鉴 Baron 和 Kenny（1986）的中介效应检验（Sobel Test）方法，和模型（1）一起建立如下中介效应模型，验证假设 H2：

$$Roa = b_0 + b_1 GAP + Controls + \sum Ind + \sum Year + \varepsilon_{it} \qquad (2)$$

$$Opinion = c_0 + c_1 GAP + c_2 Roa + Controls + \sum Ind + \sum Year + \varepsilon_{it} \qquad (3)$$

其中，GAP 为薪酬差距的衡量，文中采用 $Lngap$、$Lngap2$、$Lnvpstd$ 三种方式来衡量。模型（1）是高管晋升激励和审计意见关系检验的模型，主要观察高管晋升激励变量系数 α_1 的符号和显著性水平；模型（2）分析高管晋升激励对公司业绩的影响，主要观察高管晋升激励变量系数 b_1 的符号和显著性水平，它是高管晋升激励对中介变量——公司业绩的回归模型；模型（3）是在模型（1）的基础上，加入中介变量——公司业绩，分别观察高管晋升激励和公司业绩的系数 c_1、c_2 的符号和显著性水平。如果 α_1、b_1、c_1 均显著，但 c_2 不显著且 Sobel Z 统计量显著，表明公司业绩具有完全的中介效应，即高管晋升激励必须首先影响公司业绩，公司业绩再影响审计意见；如果 α_1、b_1、c_2 均显著，c_1 显著且 Sobel Z 统计量显著，表明公司业绩具有部分的中介效应，即晋升激励既可以直接影响审计意见，又会通过中介变量——公司业绩影响审计意见。

为了验证假设 H3，本文也建立以下模型，和前面模型（1）组成了中介效应检验模型：

$$ABSDA = d_0 + d_1 GAP + Controls + \sum Ind + \sum Year + \varepsilon_{it} \qquad (4)$$

$$Opinion = f_0 + f_1 GAP + f_2 ABSDA + Controls + \sum Ind + \sum Year + \varepsilon_{it} \qquad (5)$$

模型（4）分析高管晋升激励对盈余管理的影响，主要观察高管晋升激励变量系数 d_1 的符号和显著性水平，它是高管晋升激励对中介变量——盈余管理的回归模型；模型（5）是在模型（1）的基础上，加入了中介变量——盈余管理，分别观察高管晋升激励和盈余管理系数 f_1、f_2 的符号和显著性水平。如果 a_1、d_1、f_1 均显著，但 f_2 不显著且 Sobel Z 统计量显著，表明盈余管理具有完全的中介效应，即高管晋升激励必须首先影响盈余管理，盈余管理再影响审计意见；如果 a_1、d_1、f_2 均显著，f_1 显著且 Sobel Z 统计量显著，表明盈余管理具有部分的中介效应，即高管晋升激励既可以直接影响审计意见，又会通过中介变量——盈余管理影响审计意见。如果 $d_1 \times f_2$ 和 a_1 同号，表示存在中介效应；如果 $d_1 \times f_2$ 和 a_1 异号，表示存在遮掩效应。

关于控制变量（Controls），纳入以下指标控制其他因素的影响：高管持股比例（Mahd）、高管薪酬（Comp）、第一大股东持股（Top1）、是否十大（Big10）、是否亏损（Loss）、公司规模（Size）、财务杠杆（Lev）、增长机会（Grow）、公司年龄（Age）、董事会规模（Bdsize）、独立董事比例（Inde）和分部数（Seg）等（详见表1）。

表1 变量定义

类型	符号	名称	计算方法
被解释变量	Opinion	审计意见	当被出具标准无保留审计意见时，为0，否则为1
	Roa	公司业绩	资产报酬率
	ABSDA	盈余管理	基于 Dechow、Sloan 和 Sweeney（1995）计算的可操纵性应计绝对值
解释变量	Lngap	高管晋升激励1	董事长与非董事长高管平均薪酬差距的自然对数
	Lngap2	高管晋升激励2	总经理与非总经理高管（董事长除外）平均薪酬差距的自然对数
	Lnvpstd	高管晋升激励3	副总之间薪酬标准差的自然对数
控制变量	Mahd	高管持股比例	高管持股数除以全部股份数
	Comp	高管薪酬	高管现金薪酬的自然对数
	Top1	第一大股东持股	第一大股东持股比例
	Big10	是否十大	年报经十大会计师事务所审计为1，否则为0
	Loss	是否亏损	公司利润为负时为1，否则为0
	Soe	企业性质	国企等于1，民企等于0
	Size	公司规模	公司总资产的自然对数
	Lev	财务杠杆	总负债除以总资产
	Grow	增长机会	总资产增长率
	Accrual	应计项目	应计项目除以总资产
	Age	公司年龄	公司上市年限加1的自然对数
	Bdsize	董事会规模	董事会总人数的自然对数
	Inde	独立董事比例	独立董事数/全体董事数
	Seg	分部数	公司分部的自然对数
	Ind	行业虚拟变量	采用0~1变量控制行业特征
	Year	年度虚拟变量	采用0~1变量控制年度特征

四、描述性统计和相关系数分析

（一）描述性统计结果

表2所示是变量的描述性统计结果。标准审计意见样本（Opinion = 0）中，高管晋升激励变量的 Lngap 最大值是 15.292，计算得到原始值约为437.5万元；Lngap2 的最

大值是 15.291，计算得到原始值约为 437.4 万元，表明公司高管薪酬差距最大值可达 400 多万元。Lngap、Lngap2 两个变量的标准差较大，表明上市公司高管间薪酬差距较大。Lnvpstd 反映的是高管薪酬标准差，最大值是 13.785，高管薪酬之间存在的较大差距。上市公司业绩最大值是 0.199，最小值是 -0.179。可操纵性应计绝对值的最大值是 0.608，最小值是 0，表明公司盈余管理行为也存在较大差异。

表 2　描述性统计

变量	Opinion = 0（12113 个）				Opinion = 1（399 个）				T 检验
	均值	标准差	最小值	最大值	均值	标准差	最小值	最大值	
Lngap	3.944	12.440	-14.329	15.292	2.056	12.358	-14.164	15.063	2.983***
Lngap2	11.518	6.077	-13.158	15.291	9.712	7.865	-13.158	15.291	5.765***
Lnvpstd	11.972	0.801	9.112	13.785	11.482	0.824	9.112	13.666	12.023***
Roa	0.047	0.047	-0.179	0.199	-0.003	0.085	-0.179	0.199	20.447***
ABSDA	0.078	0.098	0.000	0.608	0.108	0.119	0.000	0.608	-5.913***
Accrual	0.002	0.076	-0.268	0.244	-0.048	0.113	-0.268	0.244	12.742***
Mahd	0.054	0.124	0.000	0.549	0.029	0.101	0.000	0.549	3.968***
Comp	3.391	2.534	0.162	15.087	2.720	2.332	0.162	15.087	5.225***
Top1	0.360	0.152	0.089	0.750	0.293	0.139	0.089	0.724	8.774***
Soe	0.444	0.497	0.000	1.000	0.439	0.497	0.000	1.000	0.209
Big10	0.366	0.482	0.000	1.000	0.352	0.478	0.000	1.000	0.603
Lev	0.444	0.215	0.052	0.912	0.594	0.239	0.052	0.912	-13.661***
Size	22.001	1.243	19.263	25.572	21.151	1.330	19.263	25.572	13.443***
Seg	1.869	0.379	0.693	2.833	1.756	0.419	1.099	2.833	5.872***
Age	2.151	0.729	0.693	3.091	2.520	0.565	0.693	3.091	-10.052***
Loss	0.073	0.260	0.000	1.000	0.384	0.487	0.000	1.000	-22.708***
Grow	0.205	0.532	-0.613	3.936	0.185	0.926	-0.613	3.936	0.701***
Bdsize	2.268	0.176	1.792	2.773	2.266	0.190	1.792	2.773	0.132
Inde	0.372	0.054	0.182	0.571	0.372	0.057	0.250	0.571	-0.152

在表 2 中，非标准审计意见样本（Opinion = 1）有 399 家，大约占了全部样本公司的 3%。比较两组样本差异可发现：高管晋升激励三个变量 Lngap、Lngap2、Lnvpstd 的组间差异高度显著，标准审计意见样本的均值显著大于非标准审计意见样本的均值，意味着标准审计意见样本的高管晋升激励强度显著高于非标准审计意见的样本；公司业绩和盈余管理的差异高度显著，标准审计意见样本的公司业绩和盈余管理均值显著大于和小于非标准审计意见样本的。从以上差异分析可知，非标准审计意见样本的高管晋升激励强度要弱于标准审计意见样本的，非标准审计意见样本的公司业绩要比标准审计意见样本的差，非标准审计意见样本的盈余管理水平要比标准审计意见样本的高。

（二）相关系数分析结果

在表 3 中，审计意见和高管晋升激励变量的相关系数高度显著且为负（*Lngap* 的相关系数是 - 0.027；*Lngap*2 的相关系数是 - 0.052；*Lnvpstd* 的相关系数是 - 0.107），初步印证了假设 H1。

表 3　主要变量的 Pearson 相关系数矩阵

变量	*Opinion*	*Lngap*	*Lngap*2	*Lnvpstd*	*Roa*	*ABSDA*
Opinion	1					
Lngap	- 0.027 ***	1				
*Lngap*2	- 0.052 ***	0.185 ***	1			
Lnvpstd	- 0.107 ***	- 0.122 ***	0.074 ***	1		
Roa	- 0.180 ***	0.021 **	0.049 ***	0.179 ***	1	
ABSDA	0.053 ***	- 0.028 ***	- 0.004	- 0.020 **	0.064 ***	1

注：*、**、*** 分别表示 10%、5% 和 1% 的显著性水平，下文同。

五、回归分析结果

（一）高管晋升激励和审计意见

表 4 所示是高管晋升激励与审计意见关系的回归结果。

表 4　高管晋升激励与审计意见

变量	（1）	（2）	（3）
Lngap	- 0.3114 ***		
	(- 3.66)		
*Lngap*2		- 0.2559 ***	
		(- 3.60)	
Lnvpstd			- 0.3884 ***
			(- 4.46)
Mahd	0.1226	0.4051	0.2703
	(0.15)	(0.50)	(0.33)
Comp	0.0462	0.0529 *	0.0693 **
	(1.27)	(1.74)	(2.25)
*Top*1	- 0.0338	- 0.9897 **	- 1.0238 **
	(- 0.06)	(- 2.05)	(- 2.12)
Soe	- 0.5175 ***	- 0.1354	- 0.0924
	(- 2.79)	(- 0.95)	(- 0.65)
*Big*10	0.2358	0.2630 *	0.2892 **
	(1.44)	(1.94)	(2.13)

续表

变量	(1)	(2)	(3)
Accrual	-2.7162 *** (-3.12)	-2.3076 *** (-3.35)	-2.2304 *** (-3.23)
Lev	3.0709 *** (7.72)	3.4845 *** (11.05)	3.4176 *** (10.90)
Size	-0.6460 *** (-7.44)	-0.7223 *** (-10.80)	-0.6971 *** (-10.38)
Grow	0.1943 * (1.76)	0.1303 (1.47)	0.1420 (1.64)
Seg	-0.3452 * (-1.65)	-0.3097 * (-1.86)	-0.2843 * (-1.71)
Loss	1.2842 *** (7.21)	1.2688 *** (8.83)	1.2699 *** (8.86)
Age	0.6821 *** (4.21)	0.6213 *** (4.36)	0.6166 *** (4.33)
Constant	14.4405 *** (7.08)	14.2562 *** (8.29)	15.2420 *** (9.08)
行业	控制	控制	控制
年度	控制	控制	控制
样本数(个)	7983	11521	11645
LR chi^2	459.5744 ***	741.3565 ***	755.5221 ***
Pseudo R^2	0.2219	0.2381	0.2409

注：括号内的数值为 t 值；回归标准误差在公司层面进行了聚类；下文同。

　　在表 4 中，第 (1) 列中高管晋升激励变量 Lngap 的系数为 -0.3114，显著性水平为 1%，相应的边际效应为 -0.0039；第 (2) 列中高管晋升激励变量 Lngap2 的系数为 -0.2559，显著性水平为 1%，相应的边际效应为 -0.0032；第 (3) 列中高管晋升激励变量 Lnvpstd 的系数为 -0.3884，显著性水平为 1%，相应的边际效应为 -0.0048；上述结果分别意味着高管晋升激励每提高 1 个百分点，获得非标准审计意见的概率降低 0.39 个、0.32 个和 0.48 个百分点，这与本文假设 H1 一致。

　　在控制变量中，Mahd 的系数均不显著，表明高管持股不能够减少非标准审计意见的出现。TOP1 的系数在第 (2) 列和第 (3) 列中显著为负，表明第一大股东持股比例越高，越能避免非标准审计意见的出现，股东持股比例越高，越有动力监督高管和关心是否获得标准审计意见，与代理理论关于股东监督的观点一致。Soe 的系数仅在第 (1) 列中显著为负，在第 (2) 列和第 (3) 列中不显著。Big10 的系数在第 (1) 列中不显著，在第（2）列和第（3）列中显著为正，表明十大会计师事务所审计更容易出具非标准审计意见，表现出相对较高的审计质量。*Lev* 的系数在第（1）列、第（2）列和第（3）列中均高度显著为正，意味着较高财务杠杆容易促使审计师出具非标准审计意见。*Size* 的系数在第（1）列、第（2）列和第（3）列中均高度显著为负，表明公司规模越大，出现非标准审计意见的概率越小。*Loss* 的系数在第（1）列、第（2）列和第（3）列中均高度显著为正，表明亏损的公司更容易获得非标准审计意见。*Age* 的系数在第（1）列、第（2）列和第（3）列中均显著为正，表明公司年龄越大，获得非标准审计意见的可能性越高。

表 5 所示是以公司业绩为中介因子的中介效应模型的回归结果。

表 5　高管晋升激励、公司业绩与审计意见

变量	审计意见 *Opinion*			中介因子：公司业绩 *Roa*		
	（1）	（2）	（3）	（4）	（5）	（6）
Lngap	− 0. 3102 *** （− 3. 64）			0. 0036 *** （8. 28）		
Lngap2		− 0. 2437 *** （− 3. 40）			0. 0047 *** （12. 84）	
Lnvpstd			− 0. 3806 *** （− 4. 32）			0. 0063 *** （13. 98）
Roa	− 3. 7260 ** （− 2. 09）	− 5. 6829 *** （− 3. 79）	− 5. 8199 *** （− 3. 93）			
控制变量	控制			控制		
行业	控制			控制		
年度	控制			控制		
Sobel Test	2. 82 ***	2. 79 ***	3. 12 ***			
样本数（个）	7983	11521	11645	8042	11579	11703
$P − R^2/Adj − R^2$	0. 2241	0. 2429	0. 2461	0. 5057	0. 5125	0. 5155

第（1）列、第（2）列和第（3）列中高管晋升激励变量 *Lngap*、*Lngap2*、*Lnvpstd* 的系数均高度显著为负，表明考虑中介效应后，高管晋升激励仍然能够影响审计意见。第（4）列、第（5）列和第（6）列中被解释变量是公司业绩，高管晋升激励变量 *Lngap*、*Lngap2*、*Lnvpstd* 的系数均高度显著为正，表明晋升激励会促使高管勤勉工作、提升公司业绩。根据 Baron 和 Kenny（1986）的中介效应检验方法，高管晋升激励和审计意见之间关系的回归结果（见表 4）是显著的；加入中介因子后的高管晋升激励和审计意见之间关系的回归结果（见表 5）也是显著的；表 5 中高管晋升激励和公司业绩的中介因子回归结果也是显著的，且高管晋升激励变量 *Lngap*、*Lngap2*、*Lnvpstd* 的系数

均小于表 4 中的系数。这表明公司业绩发挥着部分中介效应，相应的 Sobel Z 检验值分别为 2.82、2.79、3.12，意味着该中介效应的确存在。表 5 中的回归结果表明，晋升锦标赛会促使高管勤勉工作、提升公司业绩，最终有利于标准审计意见的获得，证实了本文假设 H2。

根据前面回归模型（4）、模型（5）和模型（1），盈余管理作为中介因子的检验模型的回归结果如表 6 所示。第（1）列、第（2）列和第（3）列中晋升激励变量 $Lngap$、$Lngap2$、$Lnvpstd$ 的系数均高度显著为正，$ABSDA$ 的系数也是高度显著的。然而，第（4）列、第（5）列和第（6）列中，高管晋升激励变量的系数是不显著的，意味着并未发现证据支持盈余管理的中介效应。同时，相应的中介效应检验值分别为 1.20、0.39、−0.61，均不显著。因此，未发现证据支持假设 H3。

表 6 高管晋升激励、盈余管理与审计意见

变量	审计意见 Opinion			中介因子：盈余管理 ABSDA		
	（1）	（2）	（3）	（4）	（5）	（6）
$Lngap$	−0.3102 *** (−3.64)			0.0014 (1.18)		
$Lngap2$		−0.2437 *** (−3.40)			0.0005 (0.44)	
$Lnvpstd$			−0.3806 *** (−4.32)			−0.0009 (−0.60)
$ABSDA$	1.8116 *** (2.86)	1.3018 ** (2.50)	1.3230 ** (2.56)			
控制变量	控制			控制		
行业	控制			控制		
年度	控制			控制		
Sobel Test	1.20	0.39	−0.61			
样本数（个）	7983	11521	11645	8042	11579	11703
$P-R^2/Adj-R^2$	0.2208	0.2363	0.2395	0.1900	0.1967	0.1952

（二）不同晋升概率下的分析

前面分析了高管晋升激励强度对审计意见的影响，那么不同晋升概率下，高管晋升激励和审计意见的关系如何？高管晋升到更高级别位置（以 CEO 为分析对象）时，继任 CEO 可能来自内部（内部晋升型），也可能来自外部（外部空降型）。如果继任 CEO 来自内部，会影响低级别的高管对未来职位晋升的判断：低级别的高管未来有可能成为 CEO，职位晋升的路径是存在的，未来发生职位晋升时，从内部选拔高管的概率较大。如果继任 CEO 来自外部，也会影响低级别高管对未来职位晋升的判断：低级别高管未来成为 CEO 的概率不大，职位晋升的概率比较小。对于外部空降型而言，高管职位晋升的激励效应有限；类似地，对于内部晋升而言，高管职位晋升的激励效应相对较大。因而，比较不同晋升来源情形下，晋升激励对审计意见的影响差异，印证上述的逻辑推理。

延续晋升概率思路，本文从高管平均任期角度考虑不同晋升概率对高管晋升激励与审计意见关系的影响。如果高管任期长，发生高管变更和晋升的机会少，职位晋升的概率低，影响低级别高管的工作积极性；高管任期短，职位晋升的概率高，低级别高管的工作积极性强。基于上述两个方面，本文从国泰安数据库收集整理公司 CEO 变更情况数据，并删除多次 CEO 变更公司观测值，仅保留观察期内发生一次 CEO 变更的公司。同时，还收集了高管任期数据。然后，根据继任高管来源，将样本区分为内部晋升型和外部空降型两类，分析结果如表 7 所示。以高管平均任期中位数作为分类依据，划分为晋升概率低和高两组，进行分析，得到结果如表 8 所示。

表 7　考虑继任来源内部和外部情形下的高管晋升激励与审计意见

变量	内部晋升型			外部空降型		
$Lngap$	-0.5176^{***} (-2.98)			0.3383 (1.02)		
$Lngap2$		-0.2528^{*} (-1.74)			-0.3521 (-1.54)	
$Lnvpstd$			-0.3127^{*} (-1.78)			-0.2597 (-0.97)
控制变量	控制			控制		
行业	控制			控制		
年度	控制			控制		
样本数(个)	2182	3137	3176	724	1151	1174
Pseudo R^2	0.2530	0.2090	0.2077	0.2285	0.2866	0.2837

在表 7 中，比较内部晋升型和外部空降型两组样本的回归结果，可以发现存在显著差异：内部晋升型的高管晋升激励能够抑制非标准审计意见，而外部空降型的高管晋升激励不能够抑制非标准审计意见。

在表 8 中，比较晋升概率高、晋升概率低两个子样本的回归结果，发现晋升概率高子样本中，高管晋升激励能够抑制非标准审计意见的出现；晋升概率低子样本中，高管晋升激励对非标准审计意见的抑制作用不明显，作用小于晋升概率高子样本。

表8　考虑高管平均任期情形下的高管晋升激励与审计意见

变量	晋升概率高			晋升概率低		
Lngap	−0.4044 *** (−3.08)			−0.2200 * (−1.82)		
Lngap2		−0.3539 *** (−3.41)			−0.1617 (−1.59)	
Lnvpstd			−0.4765 *** (−3.54)			−0.3267 * (−1.74)
控制变量	控制			控制		
行业	控制			控制		
年度	控制			控制		
样本数(个)	2947	4516	4570	4591	6857	6926
Pseudo R²	0.2620	0.2736	0.2735	0.2164	0.2221	0.2280

六、稳健性检验

(一)反事实推断

在前面分析中,采用高管薪酬差距表示高管晋升激励,将薪酬差距大于等于8000元认定为具有激励效应,发现高管晋升激励能够抑制非标准审计意见。那么从反面看,当公司高管薪酬差距不存在激励效应时,高管晋升激励和审计意见之间应该不存在显著的负向关系。对薪酬差距小于8000元的样本进行分析得到的结果如表9所示。从反面事实角度,印证了表4中的回归结果,说明高管晋升激励能够抑制上市公司获得非标准审计意见。

表9　反事实推断和 PSM 配对的稳健性分析

变量	反事实推断分析			基于倾向得分匹配分析		
Lngap	0.0114 (0.36)			−0.2713 ** (−2.30)		
Lngap2		−0.0004 (−0.01)			−0.2872 *** (−2.62)	
Lnvpstd			−0.3635 * (−1.68)			−0.3358 ** (−2.54)
行业	控制			控制		
年度	控制			控制		
样本数(个)	4529	907	907	3938	3917	3962
Pseudo R²	0.2855	0.2600	0.2673	0.2330	0.2326	0.2330

（二）样本选择问题

高管晋升激励促使公司获得非标准审计意见并不是随机事件，而是高管可能选择在盈余质量高、容易晋升的公司工作，导致样本非随机性。鉴于此，采用倾向得分匹配方法，以 CEO 是否变更作为被解释变量，以公司规模、公司业绩和财务杠杆等财务指标和公司治理指标作为解释变量，执行一对三的倾向得分匹配。匹配后的回归结果如表 9 所示。结果显示，高管晋升激励变量的系数均显著为负，表明考虑了样本选择问题后高管晋升激励仍然能够抑制非标准审计意见。

（三）考虑高管权力因素

薪酬差距也可以表示高管权力（Bebchuk and Fried，2004），因此可能不是高管晋升激励抑制了非标准审计意见，而是高管权力抑制了非标准审计意见。为了降低该竞争性解释对结论的影响，本文将是否两职合一作为度量高管权力的变量，将样本划分为高管权力大（存在两职合一）和高管权力小（不存在两职合一）两组样本进行分析。结果表明，两组样本中高管晋升激励变量的系数均高度显著，表明高管权力并未影响本文结论的可靠性。

（四）反向因果关系

反向因果关系也会影响本文结论的可靠性：并非高管晋升激励抑制了非标准审计意见，而是非标准审计意见导致高管晋升。如果是上述逻辑，高管晋升激励和审计意见之间的关系应该是正的；而前文中高管晋升激励和审计意见之间的关系均为负的，即相关系数是负值。所以，高管晋升激励和非标准审计意见之间的反向因果关系应不是重要影响。为了进一步排除反向因果关系问题，本文将被解释变量——审计意见提前一期进行分析，结果也表明，高管晋升激励与审计意见反向因果关系并未影响结论的可靠性。

（五）其他考虑因素

为了确保回归结论的稳健性，本文还采用一系列方法：（1）更换解释变量，采用高管人数来衡量高管晋升激励，高管人数越多，晋升的概率越小；（2）更换被解释变量，采用内部控制审计意见替代审计意见；（3）更换重要变量衡量盈余管理，采用 Kothari、Leone 和 Wasley（2005）方法计算可操纵性应计，均未发现结论有实质性改变。

七、结论与启示

已有关于高管晋升激励的研究，主要关注高管晋升激励对公司业绩的影响，很少有文献关注高管晋升激励在财务报告质量中的积极作用。本文研究了高管晋升激励与审计意见之间的相互关系，利用中介效应模型研究发现：高管晋升激励能够抑制非标准审计意见的出现概率；高管晋升激励在影响非标准审计意见的过程中，会影响公司业绩，通过公司业绩影响非标准审计意见——公司业绩发挥着部分中介效应。本文还发现，当公司高管晋升采取内部晋升型，或有较高晋升概率时，高管晋升激励能够抑制非标准审计意见的出现；而在外部空降型晋升情况下，或晋升概率较小时，高管晋升激励抑制非标准审计意见出现的作用不明显。在稳健性检验中，采取一系列检验方法和排除竞争性解释后，发现文中结论具有较强可靠性。本文实证结论揭示：高管晋升激励能够抑制非标准审计意见的出现；相比显性激励制度，如薪酬和股权激励，隐性激励制度在提高会计信息质量中具有积极的作用。本文结论启示我们，激励公司高管不能局限于薪酬和股权等，职位晋升也是一种有效的激励方式（Kato and Long，2011）。对于我国上市公司而言，继续加强公司治理建设，构建科学、合理的晋升渠道，有利于公司提高业绩，提高财务报告质量。

参考文献

冯延超，梁莱歆. 2010. 上市公司法律风险、审计收费及非标准审计意见——来自中国上市公司的经验证据. 审计研究，3：75 – 81.

黄送钦，吴利华，许从宝. 2017. 高管超额薪酬影响了企业债务融资吗？. 当代财经，11：110 – 122.

谌嘉席，伍利娜，王立彦. 2016. 价格管制、审计收费与审计质量. 当代财经，7：108 – 117.

苏冬蔚，林大庞. 2010. 股权激励、盈余管理与公司治理. 经济研究，11：88 – 100.

田利军. 2007. 审计意见影响因素实证分析. 中南财经政法大学学报，6：116 – 122.

谢盛纹，李远艳. 2017. 公司高管与签字注册会计师的校友关系对审计意见的影响——来自中国证券市场的经验证据. 当代财经，6：109 – 119.

张栋，杨兴全. 2015. 高管薪酬、内部差距与商业银行业绩. 中央财经大学学报，3：62 – 71.

张洪辉，章琳一. 2017. 高管晋升激励与财务舞弊——来自上市公司的经验证据. 经济管理，4：176 – 194.

Armstrong，C.，D. Larker，G. Ormazabal，& D. Taylor. 2013. The relation between equity incentives and misreporting：The role of risk-taking incentive. *Journal of Financial Economics*，19（2）：327 – 350.

Baron，R.，& D. Kenny. 1986. The moderator-mediator variable distinction in social psychological research：Conceptual，strategic，and statistical considerations. *Journal of Personality and Social Psychology*，51（6）：1173 – 1182.

Bebchuk，L.，& J. Fried. 2004. *Pay Without Performance：The Unfulfilled Promise of Executive Compensation*. Harvard University Press.

Chen，Z.. 2015. Tournament incentive and earnings management. Working Paper，HKUST.

Coles，J.，N. Daniel，& L. Naveen. Managerial incentives and risk-taking. *Journal of Financial Economics*，

2006, 79 (2): 431 – 468.

Conrads, J., B. Irlenbusch, R. Rilke, A. Schielke, & G. Walkowitz. 2014. Honesty in tournaments. *Economics Letters*, 123: 90 – 93.

Dechow, P., R. Sloan, & A. Sweeney. 1995. Detecting earnings management. *The Accounting Review*, 70 (2): 193 – 225.

Francis, J., A. Huang, S. Rajgopal, & A. Zang. 2008. CEO reputation and earnings quality. *Contemporary Accounting Research*, 25 (1): 109 – 147.

Francis, J., & J. Krishnan. 1999. Accounting accruals and auditor reporting conservatism. *Contemporary Accounting Research*, 16 (1): 135 – 165.

Hazarika, S., J. Karpoff, & R. Nahata, 2012. Internal corporate governance, CEO turnover, and earnings management. *Journal of Financial Economics*, 104 (1): 44 – 69.

Haβ, L., M. Muller, & S. Vergauwe. 2015. Tournament incentive and corporate fraud. *Journal of Corporate Finance*, 34: 251 – 267.

Karjalainen, J. 2011. Audit quality and cost of debt capital for private firms: Evidence from Finland. *International Journal of Auditing*, 15 (1): 88 – 108.

Kato, T., & C. Long. 2011. Tournaments and managerial incentives in China's listed firms: New evidence. *China Economic Review*, 22 (1): 1 – 10.

Kothari, S., A. Leone, & C. Wasley. 2005. Performance matched discretionary accrual measures. *Journal of Accounting and Economics*, 39 (1): 163 – 197.

Lazear, E., & S. Rosen. 1981. Rank-order tournaments as optimum labor contracts. *Journal of Political Economy*, 89 (5): 841 – 864.

Lennox, C. 2000. Do Companies successfully engage in opinion-shopping? Evidence from UK. *Accounting and Economics*, 29 (3): 321 – 337.

Milbourn, T. 2003. CEO reputation and stock-based compensation. *Journal of Financial Economics*, 68 (2): 233 – 262.

Management Tournament Incentive and Audit Opinion:
A Mediation Test

Linyi Zhang, Honghui Zhang

Abstract: How to stimulate management to increase corporate financial reporting quality is a key issue in accounting and auditing academy. However, the researches about the effect of management tournament incentive on financial reporting are rare. From management tournament perspective, this paper analyzes the association between management tournament incentive and audit opinion. By using mediation effect model, we find that management tournament incentive can decrease the probability of qualified audit opinion issued. About the path of management tournament incentive affecting audit opinion, corporate performance is the mediator while earnings management is not. This paper also considers the effect of promotion probability on audit opinion. By using sub-samples, we find that management tournament incentive is negative correlated with audit opinion for companies in which executives were promoted internally, while management tournament incentive is not correlated with audit opinion for companies in which executives were promoted from outside candidates. We also divide sample by tenure, and find that management tournament incentive's effect is stronger in higher promotion probability sub-sample. We also consider a competitive explanation, that is management power may affect audit opinion, but find it can not undermine our findings. Finally, we consider a battery of tests, including counter – factual framework, reverse causation, propensity score matching and so on, to make sure our conclusions are robustness.

Keywords: Management Tournament Incentive; Audit Opinion; Mediation Effect Model

《会计论坛》撰稿须知

　　《会计论坛》是由中南财经政法大学会计研究所主办的会计类专业学术理论刊物，于 2002 年 5 月创刊，主要刊载会计、财务与审计领域里的最新理论研究成果，同时也兼顾实务性的有价值的研究成果，热忱欢迎国内外作者赐稿。为方便作者撰稿，特做如下约定。

　　1. 来稿要求。来稿须观点鲜明，主题突出。本刊适用的文章大致有以下三个方面的基本要求：第一是学术性，即要有新观点、新思路、新方法和新资料；第二是思想性，即要有一定理论水平和较强思辨性；第三是前沿性与导向性，即要能够充分关注和反映会计学界最前沿的理论动态和信息，如介绍和宣传会计学界较有影响的科研学术信息和观点综述以及会计领域某一学科的发展研究报告等。

　　2. 来稿篇幅。学术论文一般控制在 15000 字左右（含注释与参考文献）。

　　3. 来稿信息。应包括两个方面的内容。

　　（1）基本信息。含作者署名、工作单位、作者简况（姓名、出生年月、籍贯、学位、职称、现工作单位、主要职衔、主要研究方向和主要科研成果等重要信息）、通信地址、电话、传真、电子信箱等；若系基金资助项目，请注明项目的名称、来源与编号。

　　（2）学术论文。应包括以下 8 个方面的内容。

　　①论文标题（不超过 20 个汉字，中英文）。

　　②作者署名（中英文）。

　　③论文摘要（300 字以内，中英文）。

　　④关键词（3~5 个，中英文）。

　　⑤正文。采用文科编排规范，其一级标题标号为"一、""二、"……，二级标题标号为"（一）""（二）"……，三级标题标号为"1.""2."……。文中图、表和公式均用阿拉伯数字连续编号，如图 1、图 2 和表 1、表 2，以及（1）（2）等。图和表应有简短确切的名称，图号图名应置于图下，表名表号置于表上，公式号置于右侧。

　　⑥附注。采用页下注形式，每页重新编号。

　　⑦参考文献。请列于文末，具体要求如下。

　　A. 列示范围。仅限于作者直接阅读过的、引用在论文中的文献。

B. 引用方式。论文中引用参考文献的，应使用"著者－出版年制"，如："会计法律制度体系建立问题决非一个单粹孤立起来从会计职业或专业本身所考虑与设计的问题"（郭道扬，2001）。对于在论文中所提及的参考文献，应当与文末所列的中外参考文献一一对应。

C. 列示顺序。基本要求为中文在前，英文在后，中文文献按第一作者姓氏的拼音为序排列，英文及其他西文文献按第一作者姓氏的字母顺序排列，第一作者相同的文献按发表的时间先后顺序排列，同一作者同一年份内的文献多于 1 篇时，可在年份后加 a、b 等字母加以区别，如 1999a、1999b 等。

D. 排列格式。基本要求如下。

期刊：著者. 出版年. 题（篇）名. 刊名，卷（期）：页码.

书籍：著者. 出版年. 书名. 版本. 出版地：出版者，页码.

论文集：著者. 出版年. 题（篇）名. 见（in）：论文集编者. 文集名. 出版地：出版者，页码.

⑧鸣谢及其他信息。主要是表达对论文形成过程相关支持者的感谢及其他信息。

4. 来稿采用。来稿经采用后，将酌付稿酬，并赠样刊两本。为适应我国信息化建设，扩大本刊与作者知识信息交流渠道，本刊已被中国知网、万方数据、维普资讯和超星等全文数据库收录，其作者文章著作权使用费与本刊稿酬一次性给付。作者向本刊投稿的行为即视为同意我刊上述声明。

5. 收稿地址。湖北省武汉市东湖高新技术开发区南湖大道 182 号，中南财经政法大学会计学院（南湖校区文泉楼 A607 室）《会计论坛》编辑部；邮政编码：430073。欢迎用电子信箱投稿，电子信箱：kjltzuel@ foxmail. com。

图书在版编目（CIP）数据

会计论坛. 2021 年. 第 20 卷. 第 1 辑 / 中南财经政法大学会计研究所编. -- 北京：社会科学文献出版社，2021.9

ISBN 978 - 7 - 5201 - 9037 - 4

Ⅰ. ①会… Ⅱ. ①中… Ⅲ. ①会计学 - 文集 Ⅳ. ①F230 - 53

中国版本图书馆 CIP 数据核字（2021）第 187646 号

会计论坛（第 20 卷，第 1 辑，2021 年）

编　　者 / 中南财经政法大学会计研究所

出 版 人 / 王利民
责任编辑 / 田　康
责任印制 / 王京美

出　　版 / 社会科学文献出版社 · 经济与管理分社（010）59367226
　　　　　　地址：北京市北三环中路甲 29 号院华龙大厦　邮编：100029
　　　　　　网址：www. ssap. com. cn
发　　行 / 市场营销中心（010）59367081　59367083
印　　装 / 三河市东方印刷有限公司

规　　格 / 开　本：787mm × 1092mm　1/16
　　　　　　印　张：10.5　字　数：216 千字
版　　次 / 2021 年 9 月第 1 版　2021 年 9 月第 1 次印刷
书　　号 / ISBN 978 - 7 - 5201 - 9037 - 4
定　　价 / 78.00 元